中华经典
诵读本
第一辑

幼学琼林

简体横排
大字注音
全本收录

谦德书院○编

团结出版社
UNITY PRESS

© 团结出版社，2024 年

图书在版编目（CIP）数据

中华经典诵读本.第一辑/谦德书院编.— 北京：
团结出版社，2024.11.— ISBN 978-7-5234-1194-0

Ⅰ.K203-49

中国国家版本馆 CIP 数据核字第 20249Z01J3 号

责任编辑：王思柠
封面设计：萧宇岐

出　版：团结出版社
　　　　　（北京市东城区东皇城根南街 84 号 邮编：100006）
电　话：（010）65228880 65244790
网　址：http://www.tjpress.com
E-mail：zb65244790@vip.163.com
经　销：全国新华书店
印　装：天宇万达印刷有限公司

开　本：145mm×210mm　32 开
印　张：27　　　　　　　字　数：350 千字
版　次：2024 年 11 月 第 1 版　印　次：2024 年 11 月 第 1 次印刷

书　号：978-7-5234-1194-0
定　价：180.00 元（全九册）
　　　　（版权所属，盗版必究）

出版说明

　　中华文明，有着五千多年的悠久历史，是世界上唯一流传至今、没有中断的文明。中华文明价值中最为重要的，就是祖先给我们留下的大量经典。这些典籍，薪火相传，一直流淌在中国人的血液中。

　　近年来，由于全社会对于弘扬中华优秀传统文化的高度重视，在大量志士仁人的努力推动下，中华传统文化逐渐迎来了复兴的春天。在此背景下，我们编辑出版了这一套《中华经典诵读本》，旨在弘扬中华优秀传统文化，延续传统，推动读经教育的普及。

　　本套读本采用简体、大字、横排、注音的形式，选择经典若干种，陆续分辑出版。采用简体横排，旨在顺应现代读者的阅读习惯。

　　大字，旨在方便儿童认识汉字，减少视觉疲劳。注音采用汉语拼音，旨在保证初学者读音准确。整套读本的经文底本和注音均参考历代注疏和诸家版本，严加校正，以求最善。

　　这套书不仅适合广大少年儿童作为读经教材，即便是成年人，读诵这些经典，也是大有益处的。古人云："旧书不厌百回读。"我们期待着，这些典籍能够家弦户诵,朗朗的读书声能传遍中华大地,让古老的中华文明,重新焕发出新的活力。

目 录

目录

二

卷一 (juàn yī)

扫一扫　听诵读

天文 (tiān wén)

混沌初开，乾坤始奠。气之轻清上浮者为天，气之重浊下凝者为地。日月五星，谓之七政；天地与人，谓之三才。

日为众阳之宗，月乃太阴之象。虹名螮蝀，乃天地之淫气；月里蟾蜍，是月魄之精光。风欲起而石燕飞，天将雨而商羊舞。旋风名为羊角，闪电号曰雷鞭。青女乃霜之神，素娥即月之号。雷部至捷之鬼曰律令，雷部推车之女曰阿香。云师系是丰隆，雪神乃为滕六。燹火、谢仙，俱掌雷火；飞廉、箕伯，悉是风神。列缺乃电之神，望舒是月之御。甘霖、甘澍，俱指时雨；玄穹、彼苍，悉称上天。

雪花飞六出，先兆丰年；日上已三竿，乃云时晏。蜀犬吠日，比人所见甚稀；吴牛喘月，笑人畏惧过甚。望切者，若云霓之望；恩深者，如雨露之恩。参商二星，其出没不相见；牛女两宿，惟七夕一相逢。后羿妻，奔月宫而为嫦娥；傅说死，其精神托于箕尾。披星戴月，谓早夜之奔驰；沐雨栉风，谓风尘之劳苦。事非有意，譬如云出无心；恩可遍施，乃曰阳春有脚。馈物致敬，曰敢效献曝之忱；托人转移，曰全赖回天之力。感救死之恩，曰再造；诵再生之德，曰二天。势易尽者若冰山，事相悬者如天壤。

晨星谓贤人寥落，雷同谓言语相符。

心多过虑，何异杞人忧天；事不量力，不殊夸父追日。如夏日之可畏，是谓赵盾；如冬日之可爱，是谓赵衰。齐妇含冤，三年不雨；邹衍下狱，六月飞霜。父仇不共戴天，子道须当爱日。盛世黎民，嬉游于光天化日之下；太平天子，上召夫景星庆云之祥。夏时大禹在位，上天雨金；《春秋》《孝经》既成，赤虹化玉。箕好风，毕好雨，比庶人愿欲不同；风从虎，云从龙，比君臣会合不偶。雨旸时若，系是休征；天地交泰，斯称盛世。

新增文十一联

大圜乃天之号，阳德为日之称。涿鹿野中之云，彩分华盖；柏梁台上之露，润浥金茎。欲知孝子伤心，晨霜践履；每见雄军喜气，晚雪销融。郑公风，一往一来；御史雨，既沾既足。赤电绕枢而附宝孕，白虹贯日而荆轲歌。太子庶子之名，星分前后；旱年潦年之占，雷辨雌雄。中台为鼎鼐之司，东壁是图书之府。鲁阳苦战挥西日，日返戈头；诸葛神机祭东风，风回纛下。柬先生精神毕至，可祷三日之霖；张道士法术颇神，能作五里之雾。儿童争日，如盘如汤；辩士论天，有头有足。月离毕而雨候将征，星孛

chén ér huǒ zāi nǎi xiàn
辰而火灾乃见。

地舆

huáng dì huà yě　shǐ fēn dū yì　xià yǔ zhì shuǐ　chū diàn
黄帝画野，始分都邑；夏禹治水，初奠
shān chuān　yǔ zhòu zhī jiāng shān bù gǎi　gǔ jīn zhī chēng wèi gè shū
山川。宇宙之江山不改，古今之称谓各殊。
běi jīng yuán shǔ yōu yàn　jīn tái shì qí yì hào　nán jīng yuán wéi jiàn
北京原属幽燕，金台是其异号；南京原为建
yè　jīn líng yòu shì bié míng　zhè jiāng shì wǔ lín zhī qū　yuán wéi
业，金陵又是别名。浙江是武林之区，原为
yuè guó　jiāng xī shì yù zhāng zhī dì　yòu yuē wú gāo　fú jiàn shěng
越国；江西是豫章之地，又曰吴皋。福建省
shǔ mǐn zhōng　hú guǎng dì míng sān chǔ　dōng lǔ xī lǔ　jí shān dōng
属闽中，湖广地名三楚。东鲁西鲁，即山东
shān xī zhī fēn　dōng yuè xī yuè　nǎi guǎng dōng guǎng xī zhī yù
山西之分；东粤西粤，乃广东广西之域。
hé nán zài huá xià zhī zhōng　gù yuē zhōng zhōu　shǎn xī jí cháng ān zhī
河南在华夏之中，故曰中州；陕西即长安之
dì　yuán wéi qín jìng　sì chuān wéi xī shǔ　yún nán wéi gǔ diān
地，原为秦境。四川为西蜀，云南为古滇。
guì zhōu shěng jìn mán fāng　zì gǔ míng wéi qián dì　dōng yuè tài shān
贵州省近蛮方，自古名为黔地。东岳泰山，
xī yuè huà shān　nán yuè héng shān　běi yuè héng shān　zhōng yuè sōng
西岳华山，南岳衡山，北岳恒山，中岳嵩

山，此为天下之五岳；饶州之鄱阳，岳州之青草，润州之丹阳，鄂州之洞庭，苏州之太湖，此为天下之五湖。

金城汤池，谓城池之巩固；砺山带河，乃封建之誓盟。帝都曰京师，故乡曰梓里。蓬莱弱水，惟飞仙可渡；方壶员峤，乃仙子所居。沧海桑田，谓世事之多变；河清海晏，兆天下之升平。水神曰冯夷，又曰阳侯；火神曰祝融，又曰回禄。海神曰海若，海眼曰尾闾。望人包容，曰海涵；谢人恩泽，曰河润。无系累者，曰江湖散人；负豪气者，曰湖海之士。问舍求田，原无大志；掀天揭地，方是奇才。凭空起事，谓之平地风波；独立不移，谓之中流砥柱。黑子弹丸，漫言至小之邑；咽喉右臂，皆言要害之区。独立难持，曰一木焉能支大厦；英雄自恃，曰丸泥亦可封函关。

事先败而后成，曰"失之东隅，收之桑榆"；事将成而终止，曰"为山九仞，功亏一篑"。

以蠡测海，喻人之见小；精卫衔石，比人之徒劳。跋涉谓行路艰难，康庄谓道路平坦。

硗地曰不毛之地，美田曰膏腴之田。得物无所用，曰如获石田；为学已大成，曰诞登道岸。淄渑之滋味可辨，泾渭之清浊当分。泌水乐饥，隐居不仕；东山高卧，谢职求安。

圣人出则黄河清，太守廉则越石见。美俗曰仁里，恶俗曰互乡。里名胜母，曾子不入；邑号朝歌，墨翟回车。击壤而歌，尧帝黎民之自得；让畔而耕，文王百姓之相推。费长房有缩地之方，秦始皇有鞭石之法。尧有九年之水患，汤有七年之旱灾。商鞅不仁而阡陌开，夏桀无道而伊洛竭。道不拾遗，由在上有善政；海不扬波，知中国有圣人。

新增文十一联

神州即为赤县，边地乃有穹庐。白鹭洲，二水中分吴壮丽；金牛路，五丁凿破蜀空虚。瀑布岭头悬，苍碧空中垂白练；君山湖内翠，水晶盘里拥青螺。浩荡吴江，险称天堑；嵯峨泰岭，高谓坤维。雪浪涌鞋山，洗清步武；彩云笼笔岫，绚出文章。金谷园中，花卉俱备；平泉庄上，木石皆奇。滩之凶，无如虎臂；路之险，莫若羊肠。烟树晴岚，潇湘可纪；武乡文里，汉郡堪夸。七里滩，是严光乐地；九折坂，乃王阳畏途。将军征战之场，雁门紫塞；仙子遨游之境，玄圃阆风。

岁 时

爆竹一声除旧，桃符万户更新。

履端是初一元旦；人日是初七灵辰。

元日献君以椒花颂，为祝遐龄；元日饮人以屠苏酒，可除疬疫。新岁曰王春，去年曰客岁。火树银花合，指元宵灯火之辉煌；星桥铁锁开，谓元夕金吾之不禁。二月朔为中和节，三月三为上巳辰；冬至百六是清明，立春五戊为春社。寒食节是清明前一日，初伏日是夏至第三庚。四月乃是麦秋，端午却为

卷一

幼学琼林

九

蒲节。六月六日，节名天贶；五月五日，序
号天中。端阳竞渡，吊屈原之溺水；重九登
高，效桓景之避灾。五戌鸡豚宴社，处处饮
治聋之酒；七夕牛女渡河，家家穿乞巧之
针。中秋月朗，明皇亲游于月殿；九日风
高，孟嘉落帽于龙山。秦人岁终祭神曰腊，
故至今以十二月为腊；始皇当年御讳曰政，
故至今读正月为征。

东方之神曰太皞，乘震而司春，甲乙属
木，木则旺于春，其色青，故春帝曰青帝。
南方之神曰祝融，居离而司夏，丙丁属火，
火则旺于夏，其色赤，故夏帝曰赤帝。西方
之神曰蓐收，当兑而司秋，庚辛属金，金则
旺于秋，其色白，故秋帝曰白帝。北方之神
曰玄冥，乘坎而司冬，壬癸属水，水则旺

于冬，其色黑，故冬帝曰黑帝。中央戊己属土，其色黄，故中央帝曰黄帝。

夏至一阴生，是以天时渐短；冬至一阳生，是以日晷初长。冬至到而葭灰飞，立秋至而梧叶落。上弦谓月圆其半，系初八九；下弦谓月缺其半，系廿二三。月光都尽谓之晦，三十日之名；月光复苏谓之朔，初一日之号；月与日对谓之望，十五日之称。初一是死魄，初二旁死魄，初三哉生明，十六始生魄。翌日、诘朝，皆言明日；谷旦、吉旦，悉是良辰。片晌即谓片时，日曛乃云日暮。畴昔、曩者，俱前日之谓；黎明、昧爽，皆将曙之时。月有三浣：初旬十日为上浣，中旬十日为中浣，下旬十日为下浣。学足三余：夜者日之余，冬者岁之余，雨者晴之余。

以术愚人，曰朝三暮四；为学求益，曰日就月将。焚膏继晷，日夜辛勤；俾昼作夜，晨昏颠倒。自愧无成，曰虚延岁月；与人共语，曰少叙寒暄。可憎者，人情冷暖；可厌者，世态炎凉。周末无寒年，因东周之懦弱；秦亡无燠岁，由嬴氏之凶残。泰阶星平曰泰平，时序调和曰玉烛。岁歉曰饥馑之岁，年丰曰大有之年。唐德宗之饥年，醉人为瑞；梁惠王之凶岁，野莩堪怜。丰年玉，荒年谷，言人品之可珍；薪如桂，食如玉，言薪米之腾贵。春祈秋报，农夫之常规；夜寐夙兴，吾人之勤事。韶华不再，吾辈须当惜阴；日月其除，志士正宜待旦。

新增文十联

寒暑代迁，居诸迭运。九秋授御寒之服，自古已然；三月上踏青之鞋，于今不改。双柑斗酒，雅称春游；对影三人，尽堪夜饮。五月孤军渡泸水，蜀丞相何等忠勤；上元三鼓夺昆仑，狄将军更多妙算。二月扑蝶之会，洵可乐焉；元正磔鸡之朝，必有取尔。吴质浮瓜避暑，陂塘九夏为秋；葛仙吐火驱寒，户牖三冬亦暖。豪吟羿子，夜敲咏月之钟；胜赏君王，春击催花之鼓。清秋汾水，歌传汉武之词；上巳兰亭，事记右军之迹。人日卧含章檐下，寿阳试学梅妆；中秋过牛渚矶头，谢尚细吹竹笛。寇公春色诗，真可喜也；欧子秋声赋，何其凄然。

朝廷
cháo tíng

三皇为皇，五帝为帝。以德行仁者王，以力假仁者霸。天子天下之主，诸侯列国之君。

官天下，乃以位让贤；家天下，是以位传子。陛下，尊称天子；殿下，尊重宗藩。皇帝即位曰龙飞，人臣觐君曰虎拜。皇帝之言，谓之纶音；皇后之命，乃称懿旨。

椒房是皇后所居，枫宸乃人君所莅。天子尊崇，故称元首；臣邻辅翼，故曰股肱。

龙之种，麟之角，俱誉宗藩；君之储，国之贰，皆称太子；建储位，立青宫；传国宝，称玉玺。宗室之派，演于天潢；帝胄之谱，名为玉牒。前星耀彩，共祝太子以千秋；嵩岳效灵，三呼天子以万岁。

神器大宝，皆言帝位；妃嫔媵嫱，总是宫娥。姜后脱簪而待罪，世称哲后；马后练服以鸣俭，共仰贤妃。唐放勋德配昊天，遂动华封之三祝；汉太子恩覃少海，乃兴乐府之四歌。

新增文十联

德奉三无，功安九有。陈桥驿军兵欲变，独日重轮；舂陵城圣哲挺生，一禾九穗。祥钟汉代，禁中卧柳生枝；瑞霭宋廷，榻下灵芝生叶。设鼓悬钟，千古仰夏王之乐善；释菆结袜，万年钦西伯之尊贤。

信天命攸归，驰王骤帝；知人心爱戴，冠道履仁。帝尧用心，哀孺子又哀妇人；武王伐暴，廉货财还廉女色。六宫无丽服，玄宗罢织锦之坊；万姓有余粮，周祖建绘农之阁。仁宗味淡而撤蟹，晋武尚朴而焚裘。汉文除肉刑，仁昭法外；周武分宝玉，恩溢伦中。更知唐主颂成功，舞扬七德；且仰汉高颁令典，约法三章。

文臣

帝王有出震向离之象，大臣有补天浴日之功。三公上应三台，郎官上应列宿。宰相位居台铉，吏部职掌铨衡。

吏部天官大冢宰，户部地官大司徒，礼

部春官大宗伯，兵部夏官大司马，刑部秋官大司寇，工部冬官大司空。

都宪中丞，都御史之号；内翰学士，翰林院之称。天使誉称行人，司成尊称祭酒。称都堂曰大抚台，称巡按曰大柱史。方伯、潘侯，左右布政之号；宪台、廉宪，提刑按察之称。宗师称为大文衡，副使称为大宪副。郡侯、邦伯，知府名尊；郡丞、贰侯，同知誉美。郡宰、别驾，乃称通判；司理、臬史，赞美推官。刺史、州牧，乃知州之两号；臬史、台谏，即知县之尊称。乡宦曰乡绅，农官曰田畯。钧座、台座，皆称仕宦；帐下、麾下，并美武官。

秩官既分九品，命妇亦有七阶。一品曰夫人，二品亦夫人，三品曰淑人，四品曰恭人，五品曰宜人，六品曰安人，七品曰孺人。

妇人受封曰金花诰，状元报捷曰紫泥封。唐玄宗以金瓯覆宰相之名，宋真宗以美珠箝谏臣之口。金马玉堂，羡翰林之声价；朱幡皂盖，仰郡守之威仪。

台辅曰紫阁名公，知府曰黄堂太守。府尹之禄二千石，太守之马五花骢。代天巡狩，赞称巡按；指日高升，预贺官僚。初到任曰下车，告致仕曰解组。藩垣屏翰，方伯犹古诸侯之国；墨绶铜章，令尹即古子男之邦。太监掌阎门之禁令，故曰阉宦；朝臣皆搢笏于绅间，故曰搢绅。

萧曹相汉高，曾为刀笔吏；汲黯相汉武，真是社稷臣。吕伯布文王之政，尝舍甘棠之下，后人思其遗爱，不忍伐其树；孔明有王佐之才，尝隐草庐之中，先主慕其令名，乃三顾其庐。鱼头参政，鲁宗道秉性骨鲠；伴食宰相，卢怀慎居位无能。王德用，人称黑王相公；赵清献，世号铁面御史。

汉刘宽责民，蒲鞭示辱；项仲山洁己，饮马投钱。李善感直言不讳，竟称鸣凤朝阳；汉张纲弹劾无私，直斥豺狼当道。民爱邓侯之政，挽之不留；人言谢令之贪，推之不去。廉范守蜀郡，民歌五袴；张堪守渔阳，麦穗两歧。鲁恭为中牟令，桑下有驯雉之异；郭伋为并州守，儿童有竹马之迎。鲜于子骏，宁非一路福星；司马温公，真是万家生佛。鸾凤不栖枳棘，羡仇香之为主簿；河阳遍种桃花，乃潘岳之为县官。刘昆宰江陵，求神反风灭火；龚遂守渤海，令民卖刀买牛。此皆德政可歌，是以令名攸著。

新增文十三联

太守称为紫马，邑宰地号雷封。槐位棘垣，三公及孤卿异秩；棱官紧职，拾遗与御史别称。给事谓之夕郎，黄门批敕；翰林名为仙掖，紫禁宣麻。饱卿睡卿，名号自别；铨部祠部，政事攸分。俗美化醇，尹翁归去思蜀郡；名高望重，汲长孺卧治淮阳。

张魏公作冲天羽翼；李长吉为瑞世琼瑶。士仰直声，汉世喜多二鲍；民歌善政，江东闻有三岑。棠棣理政多能，刘氏弟兄守南郡；乔梓治县有谱，傅家父子宰山阴。

政简刑清，姜谟号太平官府；身修行洁，裴侠称独立使君。袁尚书学问深宏，不愧魏朝杜预；寇丞相事功彪炳，真为宋代谢安。熙宁三舍人，乃一朝硕彦；庆历四谏士，实千古良臣。宰相必用读书人，舍窦可象谁当鼎轴；状元曾为渴睡汉，惟吕文穆乃占魁名。谁云公种生公，或谓相门有相。

武职

韩柳欧苏，固文人之最著；起翦颇牧，乃武将之多奇。范仲淹胸中具数万甲兵，楚项羽江东有八千子弟。孙膑吴起，将略堪夸；穰苴尉缭，兵机莫测。姜太公有《六韬》，黄石公有《三略》。韩信将兵，多多益善；

毛遂讥众，碌碌无奇。

大将曰干城，武士曰武弁。都督称为大镇国，总兵称为大总戎。都阃即是都司，参戎即是参将。千户有户侯之仰，百户有百宰之称。以车为户曰辕门，显揭战功曰露布。下杀上，谓之弑；上伐下，谓之征。交锋为对垒，求和曰求成。战胜而回，谓之凯旋；战败而走，谓之奔北。为君泄恨，曰敌忾；为国救难，曰勤王。

胆破心寒，比敌人慑伏之状；风声鹤唳，惊士卒败北之魂。汉冯异当论功，独立大树下，不夸己绩；汉文帝尝劳军，亲幸细柳营，按辔徐行。苻坚自夸将广，投鞭可以断流；毛遂自荐才奇，处囊便当脱颖。羞与哙等伍，韩信降作淮阴；无面见江东，项羽羞归故里。韩信受胯下之辱，张良有进履之谦。卫青为牧猪之奴，樊哙为屠狗之辈。

求士莫求全，毋以二卵弃干城之将；用人如用木，毋以寸朽弃连抱之材。总之君子之身，可大可小；丈夫之志，能屈能伸。自古英雄，难以枚举；欲详将略，须读武经。

新增文十二联

《书》曰桓桓武士，《诗》云矫矫虎臣。黄骢少年，登先陷阵；白马长史，殿后摧锋。天子遣赵将军，真得御边之策；路人问霍去病，速收绝漠之勋。北敌势方强，娄师德八遇八克；南蛮心未服，诸葛亮七纵七擒。卫将军一举而朔庭空，仗剑洗刘家日

幼学琼林

二三

月；薛总管三箭而天山定，弯弓造李氏乾坤。韩信用木罂渡军，机谋叵测；田单以火牛出阵，势焰莫当。太史慈乃猿臂英雄，班定远实虎头豪杰。力能迈众，敬德避矟而复夺矟；胆略过人，张辽出阵而复入阵。

狄天使可例云长，高敖曹堪比项籍。紫髯会稽，振耀吴军武烈；黄须骁骑，奋扬曹氏威声。鸦军雷军雁子军，鬼神褫魄；飞将锐将 熊虎将，草木知名。

圻父王之爪牙，《诗》旨真可味也；将军国之心膂，人言其不谬乎。

juǎn èr
卷 二

扫一扫　听诵读

zǔ sūn fù zǐ
祖孙父子

hé wèi wǔ lún　　jūn chén　　fù zǐ　　xiōng dì　　fū fù
何谓五伦？君臣、父子、兄弟、夫妇、

péng yǒu　hé wèi jiǔ zú　gāo　zēng　zǔ　kǎo　jǐ shēn
朋友。何谓九族？高、曾、祖、考、己身、

zǐ　sūn　zēng　xuán
子、孙、曾、玄。

shǐ zǔ yuē bí zǔ　　yuǎn sūn yuē ěr sūn　　fù zǐ chuàng zào
始祖曰鼻祖，远孙曰耳孙。父子创造，

yuē kěn gòu kěn táng　　fù zǐ jù xián　　yuē shì fù shì zǐ　　zǔ
曰肯构肯堂；父子俱贤，曰是父是子。祖

chēng wáng fù　　fù yuē yán jūn　　fù mǔ jù cún　　wèi zhī chūn xuān
称王父，父曰严君。父母俱存，谓之椿萱

bìng mào　zǐ sūn fā dá　　wèi zhī lán guì téng fāng　　qiáo mù gāo ér
并茂；子孙发达，谓之兰桂腾芳。桥木高而

yǎng　　sì fù zhī dào　　zǐ mù dī ér fǔ　　rú zǐ zhī bēi　　bù
仰，似父之道；梓木低而俯，如子之卑。不

痴不聋，不作阿姑阿翁；得亲顺亲，方可为人为子。盖父愆，名为干蛊；育义子，乃曰螟蛉。

生子当如孙仲谋，曹操羡孙权之语；生子须如李亚子，朱温叹存勖之词。菽水承欢，贫士养亲之乐；义方是训，父亲教子之严。绍箕裘，子承父业；恢先绪，子振家声。具庆下，父母俱存；重庆下，祖父俱在。贻厥孙谋，乃称裕后之祖；绳其祖武，是称象贤之孙。称人有令子，曰麟趾呈祥；称宦有贤郎，曰凤毛济美。弑父自立，隋杨广之天性何存？杀子媚君，齐易牙之人心奚在？分甘以娱目，王羲之弄孙自乐；问安惟点颔，郭子仪厥孙最多。和丸教子，仲郢母之贤；戏彩娱亲，老莱子之孝。毛义捧檄，为亲之存；伯俞泣杖，因母之老。慈母望子，倚门倚闾；游子思亲，陟岵陟屺。爱无差等，曰兄子如邻子；分有相同，曰吾翁即若翁。长男为主器，令子可克家。子光前曰充闾，子过父曰跨灶。宁馨英物，皆是羡人之儿；国器掌珠，悉是称人之子。可爱者子孙之多，若螽斯之蛰蛰；堪羡者后人之盛，如瓜瓞之绵绵。

新增文十二联

经遗世训，韦玄成乐有贤父兄；书擅时名，王羲之却是佳子弟。敬则应得鸣鼓角，母觇子荣；宗武更勿带罗囊，父规儿怠。宋之问能分父绝，作述重光；狄兼谟绰有祖风，后先辉映。焚裘伏剑，罗母与陵母俱贤；跃鲤杀鸡，姜生与茅生弁孝。灵运子孙多是凤，岂是阿私；僧虔后嗣半为龙，原非自侈。马援得璘能耀武，毕竟孙贤；祁奚举午不避亲，实因子肖。触詟犹怜少子，乞请要于君前；萧做喜见曾孙，效传呼于阶下。王霸则曾惭贵客，张凭则喜悦佳儿。李峤贻讥，甘罗堪羡。公才公望，喜说云仍；率祖率亲，宁云委蜕。杜氏之宝田斯在，薛家之磐石犹存。词辩既见渊源，强项亦征风烈。

兄弟

天下无不是之父母，世间最难得者兄弟。须贻同气之光，无伤手足之雅。玉昆金友，羡兄弟之俱贤；伯埙仲篪，谓声气之相应。兄弟既翕，谓之花萼相辉；兄弟联芳，谓之棠棣竞秀。患难相顾，似鹡鸰之在原；手足分离，如雁行之折翼。元方、季方俱盛德，祖太邱称为难弟难兄；宋郊、宋祁俱中元，当时人号为大宋小宋。

荀氏兄弟，得八龙之佳誉；河东伯仲，有三凤之美名。东征破斧，周公大义灭亲；遇贼争死，赵孝以身代弟。煮豆燃萁，谓其相害；斗粟尺布，讥其不容。兄弟阋墙，谓兄弟之斗狠；天生羽翼，谓兄弟之相亲。姜家大被以同眠，宋君灼艾以分痛。田氏分财，忽瘁庭前之荆树；夷齐让国，共采首阳之蕨薇。虽曰安宁之日，不如友生；其实凡今之人，莫如兄弟。

新增文十一联

《诗》歌绰绰，圣训怡怡。羯末封胡，俱称彦秀；醍醐酪乳，并属可珍。陆机、陆云，名共喧于洛邑；季心、季布，气并盖于关中。刘孝标之绶方青，马季常之眉本白。文采则眉山轼辙，才名则秦氏暐通。欲成弟名，虽择肥美而何咎；中分财产，宁取荒顿以为安。一家之桐木称荣，千里之龙驹谁匹。上留田不及廉让江，闭户挝亦当唾面受。推田相让，知延寿之化行；洒泪息争，感苏琼之言厚。三孔既推鼎立，五张亦号明经。爱敬宜法温公，恭让当师延寿。

夫妇

孤阴则不生，独阳则不长，故天地配以阴阳；男以女为室，女以男为家，故人生偶以夫妇。阴阳和而后雨泽降，夫妇和而后家道成。夫谓妻曰拙荆，又曰内子；妻称夫曰藁砧，又曰良人。贺人娶妻，曰荣偕伉俪；留物与妻，曰归遗细君。受室即是娶妻，纳宠谓人娶妾。正妻谓之嫡，众妾谓之庶。称人妻曰尊夫人，称人妾曰如夫人。结发系是初婚，续弦乃是再娶。妇人重婚曰再醮，男子无偶曰鳏居。如鼓琴瑟，夫妻好合之谓；琴瑟不调，夫妇反目之词。牝鸡司晨，比妇人之主事；河东狮吼，讥男子之畏妻。杀妻求将，吴起何其忍心；蒸梨出妻，曾子善全孝道。张敞为妻画眉，媚态可哂；董氏对夫封发，贞节堪夸。冀邰缺夫妻，相敬如宾；陈仲子夫妇，灌园食力。不弃糟糠，宋弘回光武之语；举案齐眉，梁鸿配孟光之贤。苏蕙织回文，乐昌分破镜，是夫妇之生离；张瞻炊臼梦，庄子鼓盆歌，是夫妇之死别。鲍宣之妻，提瓮出汲，雅得顺从之道；齐御之妻，窥御激夫，可称内助之贤。可怪者买臣之妻，因贫求去，不思覆水难收；可丑者相如之妻，霄夜私奔，但识丝桐有意。要知身修而后家齐，夫义自然妇顺。

新增文十一联

《诗》称偕老，《易》著家人。或穿

墉以窥宾，或断机而勖学。贾大夫之射雉，未足欢娱；百里奚之烹雌，何嫌寂寞？仍求故剑，宣帝不忘许后于多年；忽著新衣，桓冲顿化成心于一旦。吴隐之得淑女，奚惜负薪；司马懿有贤妻，何辞执爨？募死士以拒敌，谁同杨氏之坚持？提数骑以拔围，孰比邵姬之勇往？李益设防妻之计，常撒冷灰；志坚擒送妇之词，任撩新发。苟《内则》之无忝，自中馈之称能。

叔侄

曰诸父，曰亚父，皆叔父之辈；曰犹子，曰比儿，俱侄儿之称。阿大中郎，道韫雅称叔父；吾家龙文，杨素比美侄儿。乌衣諸郎君，江東稱王謝之子弟；吾家千里駒，符堅羨符朗為姪兒。竹林叔姪之稱，蘭玉子姪之譽。存姪棄兒，悲伯道之無後；視叔猶父，羨公綽之居官。盧邁無兒，以姪而主身之後；張范遇賊，以子而代姪之生。

新增文六聯

謝密能成佳器，劉孺可號明珠。或獻泛湖之圖，或稱招隱之寺。陸家精飯，有損素風；楊氏銅盤，獨逾諸子。謝安石東山之費，阮仲容北道之貧。可為都督，王渾預評猶子之詞；必破吾門，宗炳先料比兒之語。愚者宜歸蒽肆，賢者得反金刀。

师 生

马融设绛帐，前授生徒，后列女乐；孔子居杏坛，贤人七十，弟子三千。称教馆曰设帐，又曰振铎；谦教馆曰糊口，又曰舌耕。师曰西宾，师席曰函丈；学曰家塾，学俸曰束脩。桃李在公门，称人弟子之多；首箸长阑干，奉师饮食之薄。冰生于水而寒于水，比学生过于先生；青出于蓝而胜于蓝，谓弟子优于师傅。未得及门，曰宫墙外望；称得秘授，曰衣钵真传。杨震是关西夫子，贺循乃当世儒宗。负笈千里，苏章从师之殷；立雪程门，游杨敬师之至。弟子称师之善教，曰如坐春风之中；学业感师之造成，曰仰沾时雨之化。

新增文八联

民生在三，师术有四。执经问义，事若严君；开馆授徒，不辞曲士。史居左，经居右，士得真修；道已南，易已东，人沾教泽。赐宴月池之上，翼赞堪夸；诵书幄帐之中，烽烟奚避？《忠臣录》，《孝子录》，纲常互振；经义斋，治事斋，体用兼全。东家之外更无丘，道德由文章炫出；北斗以南惟有杰，事功从学术做来。边孝先便便大腹，曾见嘲于弟子；韩退之表表高标，宜共仰于吾儒。应生独举官衔，岂事先生之礼？李固不矜父爵，乃称弟子之良。

朋友宾主

取善辅仁，皆资朋友；往来交际，迭为主宾。尔我同心，曰金兰；朋友相资，曰丽泽。东家曰东主，师傅曰西宾。父所交游，尊为父执；己所共事，谓之同袍。心志相孚曰莫逆，老幼相交曰忘年。刎颈交，相如与廉颇；总角好，孙策与周瑜。胶漆相投，雷义之与陈重；鸡黍以待，元伯之与巨卿。与善人交，如入芝兰之室，久而不闻其香；与恶人交，如入鲍鱼之肆，久而不闻其臭。肝胆相照，斯为腹心之友；意气不孚，谓之口头之交。彼此不合，谓之参商；尔我相仇，如同冰炭。民之失德，干糇以愆；他山之石，可以攻玉。落月屋梁，相思颜色；暮云春树，想望丰仪。王阳在位，贡禹弹冠以待荐；杜伯非罪，左儒宁死不徇君。

分首判袂，叙别之辞；拥篲扫门，迎迓之敬。陆凯折梅逢驿使，聊寄江南一枝春；王维折柳赠行人，遂唱阳关三叠曲。频来无忌，乃云入幕之宾；不请自来，谓之不速之客。醴酒不设，楚王戊待士之意怠；投辖于井，汉陈遵留客之心诚。蔡邕倒屣以迎宾，周公握发而待士。陈蕃器重徐稚，下榻相延；孔子道遇程生，倾盖而语。伯牙绝弦失子期，更无知音之辈；管宁割席拒华歆，谓非同志之人。分金多与，鲍叔独知管仲之贫；绨袍垂爱，须贾深怜范叔之窘。要知主宾联以情，须尽东南之美；朋友合以义，当

zhǎn qié sī zhī chéng
展切偲之诚。

新增文十二联
xīn zēng wén shí èr lián

zhòng ní lǎo zǐ　　kě wèi tōng jiā　　guǎn zǐ bào shū　　kě chēng
仲尼老子，可谓通家；管子鲍叔，可称

zhī jǐ
知己。

bó táo bìng liáng yú gòng shì　　gān yǔn liú lí　　zǐ yú guǒ fàn
伯桃并粮于共事，甘殒流离；子舆裹饭

yú tóng chái　　bú wàng pín jiàn　　qián chuí dào yì　　xiàng jī ǒu duàn yú
于同侪，不忘贫贱。钤锤道义，向秸偶锻于

liǔ zhōng　　yóu xì wén zhāng　　yuán bái xián bēi yú huā xià　　chéng pǔ jiàn róng
柳中；游戏文章，元白衔杯于花下。程普见容

yú zhōu yú　　ruò yǐn chún láo zì zuì　　zhōu jǔ dé qīn yú huáng xiàn
于周瑜，若饮醇醪自醉；周举得亲于黄宪，

bù pī mián kuàng yóu wēn　　guì jiàn bú wàng　　sù quǎn dān jī dìng yuē
不披绵纩犹温。贵贱不忘，素犬丹鸡定约；

sǐ shēng yǔ gòng　　wū niú bái mǎ méng xīn　　miàn qián biàn shī rén　　liú
死生与共，乌牛白马盟心。面前便失人，刘

bā bù yǔ zhāng fēi yǔ　　shì hòu fāng sī yǒu　　zhōu yǐ hái qín wáng dǎo
巴不与张飞语；事后方思友，周颢还擒王导

bēi　　lǚ ān dòng xiá sī　　qiān lǐ mìng xún jī zhī jià　　zǐ yóu huái
悲。吕安动遐思，千里命寻嵇之驾；子猷怀

yǎ xìng　　sān gēng fàn fǎng dài zhī zhōu　　yǐn mǐn bān biāo　　qǐ yún miàn
雅兴，三更泛访戴之舟。尹敏班彪，岂云面

卷
二

幼学琼林

三
九

友；山涛阮籍，是谓神交。孔融座中常满，

必然有礼招徕；毛仲堂上全无，定是乏才

感召。弐饮弐食，敢曰无鱼；必敬必恭，何

尝叱狗？韩魏公堂前有士，风流态度，得赠

女奴；李文定门下何人，新巧诗联，乃逢天

子。熊非清渭逢何暮，无任凄怆；客有可人

期不来，岂胜慨叹！

婚 姻

良缘由夙缔，佳偶自天成。蹇修与柯

人，皆是媒妁之号；冰人与掌判，悉是传言

之人。礼须六礼之周，好合二姓之好。女嫁

曰于归，男婚曰完娶。婚姻论财，夷虏之道；

同姓不婚，周礼则然。女家受聘礼，谓之许

缨；新妇谒祖先，谓之庙见。文定纳采，皆为行聘之名；女嫁男婚，谓了向平之愿。聘仪曰雁币，卜妻曰凤占。成婚之日曰星期，传命之人曰月老。下采即是纳币，合卺系是交杯。执巾栉，奉箕帚，皆女家自谦之词；娴姆训，习内则，皆男家称女之说。绿窗是贫女之室，红楼是富女之居。桃夭谓婚姻之及时，摽梅谓婚期之已过。御沟题叶，于祐始得宫娥；绣幕牵丝，元振幸获美女。汉武与景帝论妇，欲将金屋贮娇；韦固与月老论婚，始知赤绳系足。朱陈一村而结好，秦晋两国以联姻。蓝田种玉，雍伯之缘；宝窗选婿，林甫之女。架鹊桥以渡河，牛女相会；射雀屏而中目，唐高得妻。至若礼重亲迎，所以正人伦之始；《诗》首好逑，所以崇王

huà zhī yuán
化之原。

xīn zēng wén qī lián
新增文七联

yú shuǐ hé huān　qíng hé kuǎn mì　sī luó yǒu tuō　yì shèn
鱼水合欢，情何款密；丝萝有托，意甚

chóu móu　qiān wū yáng yǐ wéi lǐ　zì shì gǔ fēng　xuǎn bì guàn yǐ
绸缪。牵乌羊以为礼，自是古风；选碧鹳以

chéng hūn　zhèng wéi jiā pǐ　yīn qīn zuò pèi　wēn qiáo céng xià jìng
成婚，正为佳匹。因亲作配，温峤曾下镜

tái　cóng jiǎn qù huá　zhòng yān yù fén luó zhàng　liú jǐng zé hūn dù
台；从简去华，仲淹欲焚罗帐。刘景择婚杜

guǎng　jiù zú hé cán　zhì xún dìng pèi mǎ róng　mén tú yǒu xìng
广，厩卒何惭；挚恂定配马融，门徒有幸。

yì zhòng ēn shēn　chǔ nǚ yīn hūn bào dé　qíng fú yì qì　hàn jūn
义重恩深，楚女因婚报德；情孚意契，汉君

zhǐ fù lián yīn　pín fá lián yí　yǐn zhī zhī bì mài quǎn　xù jiē
指腹联姻。贫乏奁仪，隐之之婢卖犬；婿皆

xián shì　yuán shū zhī nǚ chéng lóng　jùn yì péi háng　lán qiáo dǎo cán
贤士，元叔之女乘龙。俊逸裴航，蓝桥捣残

yù chǔ　fēng liú xiāo shǐ　qín lóu chuī chè qióng xiāo
玉杵；风流萧史，秦楼吹彻琼箫。

女子 (nǚ zǐ)

男子禀乾之刚，女子配坤之顺。贤后称女中尧舜，烈女称女中丈夫。曰闺秀，曰淑媛，皆称贤女；曰阃范，曰懿德，并美佳人。妇主中馈，烹治饮食之名；女子归宁，回家省亲之谓。何谓三从？从父、从夫、从子。何谓四德？妇德、妇言、妇工、妇容。

周家母仪，太王有周姜，王季有太妊，文王有太姒；三代亡国，夏桀以妹喜，商纣以妲己，周幽以褒姒。兰蕙质，柳絮才，皆女人之美誉；冰雪心，柏舟操，悉孀妇之清声。女貌娇娆，谓之尤物；妇容姣媚，实可倾城。潘妃步朵朵莲花，小蛮腰纤纤杨柳。张丽华发光可鉴，吴绛仙秀色可餐。丽娟气馥如兰，呵气结成香雾；太真泪红于血，滴时更结红冰。孟光力大，石臼可擎；飞燕身轻，掌上可舞。至若缇萦上书而救父，卢氏冒刃而卫姑，此女之孝者；侃母截发以延宾，村媪杀鸡而谢客，此女之贤者；韩玖英恐贼秽而自投于秽，陈仲妻恐陨德而宁陨于崖，此女之烈者；王凝妻被牵，断臂投地，曹令女誓志，引刀割鼻，此女之节者；曹大家续完汉帙，徐惠妃援笔成文，此女之才者；戴女之练裳竹笥，孟光之荆钗布裙，此女之贫者；柳氏秀妃之发，郭氏绝夫之嗣，此女之妒者；贾女偷韩寿之香，齐女致袄庙之毁，此女之淫者；东施效颦而可厌，无盐刻画以难堪，此女之丑者。自古贞淫各异，人生妍丑不齐。是故生菩萨、九子母、鸠盘茶，谓妇态之更变可畏；钱树子、一点红、无廉耻，谓青楼之妓女殊名。此固不列于人群，亦可附之以博笑。

新增文十五联

蔡女咏吟，曾传笳谱；薛姬裁制，雅号针神。蛾眉队里状元，崇颙文章洒洒；红粉班中博士，兰英才思翩翩。城号夫人，牢不可破；军称娘子，锐而莫摧。是谁佳冶唾如花，赵家飞燕；若个娉婷颜似玉，秦氏文鸾。徐贤妃却天子召，露沁新诗；谢道韫解小郎围，风生雄辩。人说骊姬专国色，我云薛女是香珠。慧姬振铎为严傅，颇称巾帼先生；老妇吹篪当健儿，须谓裙钗将士。看舞剑而工书字，必是心灵；听弹琴而辨绝弦，无非性敏。爱欲海，未可沉埋男子躯；温柔乡，岂应老葬君王骨？还讶桃叶女，横波眼最好；更思孙寿娥，坠马髻偏妍。李子豪雄，红拂顿生敲户念；寇公费用，舊桃应有惜缲心。诗人老去莺莺在，情意绸缪；公子归来燕燕忙，私惊款洽。端端体态果然端，皎皎姿容何等皎。语言偷鹦鹉之舌，声律动人；文章炫凤凰之毛，英华绝俗。可谓笑时花近眼，每看舞罢锦缠头。

外戚

帝女乃公侯主婚，故有公主之称；帝婿非正驾之车，乃是驸马之职。郡主县君，皆宗女之谓；仪宾国宾，皆宗婿之称。旧好曰通家，好亲曰懿戚。冰清玉润，丈人女婿同荣；泰水泰山，岳母岳父两号。新婿曰娇客，贵婿曰乘龙，赘婿曰馆甥，贤婿曰快婿。凡属东床，俱称半子。女子号门楣，唐贵妃有光于父母；外甥称宅相，晋魏舒期报于母家。共叙旧姻，曰原有瓜葛之亲；自谦劣戚，曰忝在葭莩之末。大乔小乔，皆姨夫之号；连襟连袂，亦姨夫之称。蒹葭依玉树，自谦籍戚属之光；茑萝施乔松，自幸得依附之所。

新增文十联

卢李之亲，苏程之戚。王茂弘呼何充

以麈尾，杨沙哥引崔嫂以油幢。林宗贷钱，宁以贫穷为病；彦达分秩，不将富贵自私。直卿果重亲情，相邀会食；潘岳能敦戚谊，每令弹琴。王通执内弟之丧，行冲称外家之宝。骑驴以追姑婢，仲容不顾居丧；披扇而笑老奴，温峤自为媒妁。介妇冢妇，不敢并行；先生后生，原为同出。智能散宝，为侄弃军；兆卜张弧，因姬遣嫁。聂政非无贤姊，屈平亦有女嬃。莫嫌萧氏之姻，宜学郝家之法。

老幼寿诞

不凡之子，必异其生；大德之人，必得其寿。称人生日，曰初度良辰；贺人逢旬，日生申令旦。三朝洗儿,曰汤饼之会;周岁试周,曰晬盘之期。男生辰曰悬弧令旦,女生日曰设帨佳辰。贺人生子,曰嵩岳降神;自谦生女,曰缓急非益。生男曰弄璋,生女曰弄瓦。梦熊梦罴,男子之兆;梦虺梦蛇,女子之祥。梦兰叶吉兆,郑燕姞生穆公之奇;英物试啼声,晋温峤知桓公之异。姜嫄生稷,履大人之迹而有娠;简狄生契,吞玄鸟之卵而叶孕。麟吐玉书,天生孔子之瑞;玉燕投怀,梦孕张说之奇。弗陵太子,怀胎十四月而始生;老子道君,在孕八十一年而始诞。晚年生子,谓之老蚌生珠;暮岁登科,正是龙头属老。贺男寿曰南极星辉,贺女寿曰中天婺焕。松柏节操,美其寿元之耐久;桑榆暮景,自谦老景之无多。夐铄称人康健，聩眊自谦衰颓。黄发儿齿，有寿之征；龙钟潦倒，年高之状。日月逾迈，徒自伤悲；春秋几何，问人寿算。称少年曰春秋鼎盛，羡高年曰齿德俱增。行年五十，当知四十九年之非；在世百年，哪有三万六千日之乐。百岁曰上寿，八十曰中寿，六十曰下寿；八十曰耋，九十曰耄，百岁曰期颐。童子十岁就外傅，十三舞勺，成童舞象；老者六十杖于乡，七十杖于国，八十杖于朝。后生固为可畏，而高年尤是当尊。

新增文十二联

漫道豫章之小，已具梁栋之观。项橐童牙作师，却知学富；甘罗孱口为相，勿论年雏。列俎豆而习礼仪，孟氏冲年乃尔；执干戈以卫社稷，汪踦小子能然。寇公七岁咏山，已卜具瞻气象；司马五龄击瓮，即占拯溺才猷。步处敏于诗，我道公权过子建；坐间言自别，人称谢尚是颜回。勿谓卢家儿，案上翻残墨汁；尚嘉羊氏子，桑中探出金环。亩丘人，问年不少；绛县老，历甲何多。李耳出函谷，为令尹演道经五千言；子牙钓渭滨，为周家定国基八百载。是谁运动老阳，生子却无日影？若个学成玄法，烧丹剩有霞光？荣启期能扩襟怀，行歌乐土；疏太傅乞归骸骨，饮饯都门。獯犹侵周，方叔迈年奏三捷；先零叛汉，充国颓龄请一行。李百药才新而齿则宿，卢蒲嫳发短而心甚长。

身体 shēn tǐ

百体为血肉之躯，五官有贵贱之别。
bǎi tǐ wéi xuè ròu zhī qū　　wǔ guān yǒu guì jiàn zhī bié

尧眉分八彩，舜目有重瞳。耳有三漏，
yáo méi fēn bā cǎi　　shùn mù yǒu chóng tóng　　ěr yǒu sān lòu

大禹之奇形；臂有四肘，成汤之异体。文王
dà yǔ zhī qí xíng　　bì yǒu sì zhǒu　　chéng tāng zhī yì tǐ　　wén wáng

龙颜而虎眉，汉高斗胸而隆准。孔圣之顶
lóng yán ér hǔ méi　　hàn gāo dǒu xiōng ér lóng zhǔn　　kǒng shèng zhī dǐng

若圩，文王之胸四乳。周公反握，作兴周之
ruò wéi　　wén wáng zhī xiōng sì rǔ　　zhōu gōng fǎn wò　　zuò xīng zhōu zhī

相；重耳骈胁，为霸晋之君。此皆古圣之英
xiàng　　chóng ěr pián xié　　wéi bà jìn zhī jūn　　cǐ jiē gǔ shèng zhī yīng

姿，不凡之贵品。至若发肤不可毁伤，曾子
zī　　bù fán zhī guì pǐn　　zhì ruò fà fū bù kě huǐ shāng　　zēng zǐ

常以守身为大；待人须当量大，师德贵于唾
cháng yǐ shǒu shēn wéi dà　　dài rén xū dāng liàng dà　　shī dé guì yú tuò

面自干。谗言中伤，金可铄而骨可销；虐政
miàn zì gān　　chán yán zhòng shāng　　jīn kě shuò ér gǔ kě xiāo　　nüè zhèng

诛求，敲其肤而吸其髓。受人牵制曰掣肘，
zhū qiú　　qiāo qí fū ér xī qí suǐ　　shòu rén qiān zhì yuē chè zhǒu

不知羞愧曰厚颜。好生议论，曰摇唇鼓舌；
bù zhī xiū kuì yuē hòu yán　　hào shēng yì lùn　　yuē yáo chún gǔ shé

共话衷肠，曰促膝谈心。怒发冲冠，蔺相
gòng huà zhōng cháng　　yuē cù xī tán xīn　　nù fà chōng guān　　lìn xiāng

如之英气勃勃；炙手可热，唐崔铉之贵势炎炎。貌虽瘦而天下肥，唐玄宗之自谓；口有蜜而腹有剑，李林甫之为人。赵子龙一身都是胆，周灵王初生便有须。来俊臣注醋于囚鼻，法外行凶；严子陵加足于帝腹，忘其尊贵。已有十年不屈膝，惟郭公能慑强藩；岂为五斗遽折腰，故陶令愿归故里。断送老头皮，杨璞得妻送之诗；新剥鸡头肉，明皇爱贵妃之乳。纤指如春笋，媚眼若秋波。肩曰玉楼，眼名银海，泪曰玉箸，顶曰珠庭。歇担曰息肩，不服曰强项。丁谓与人拂须，何其谄也；彭乐截肠决战，不亦勇乎？剜肉医疮，权济目前之急；伤胸扪足，计安众士之心。汉张良蹑足附耳，黄眉翁洗髓伐毛。尹继伦，契丹称为黑面大王；傅尧俞，宋后称为金玉君子。土木形骸，不自妆饰；铁石心肠，秉性坚刚。叙会晤曰得挹芝眉，叙契阔曰久违颜范。请女客曰奉迓金莲，邀亲友曰敢攀玉趾。侏儒谓人身矮，魁梧称人貌奇。龙章凤姿，廊庙之彦；獐头鼠目，草野之夫。恐惧过甚，曰畏首畏尾；感佩不忘，曰刻骨铭心。貌丑曰不扬，貌美曰冠玉。足跛曰蹒跚，耳聋曰重听。期期艾艾，口讷之称；喋喋便便，言多之状。可嘉者小心翼翼，可鄙者大言不惭。腰细曰柳腰，身小曰鸡肋。笑人齿缺，曰狗窦大开；讥人不决，曰鼠首偾事。口中雌黄，言事多而改移；皮里春秋，胸中自有褒贬。唇亡齿寒，谓彼此之失依；足上首下，谓尊卑之颠倒。所为得意，曰吐气扬眉；待人诚心，曰推心置

腹。心慌曰灵台乱，醉倒曰玉山颓。睡曰
黑甜，卧曰息偃。口尚乳臭，谓世人年少
无知；三折其肱，谓医士老成谙练。西子捧
心，愈见增妍；丑妇效颦，弄巧反拙。慧眼
始知道骨，肉眼不识贤人。婢膝奴颜，谄容
可厌；胁肩谄笑，媚态难堪。忠臣披肝，为
君之药；妇人长舌，为厉之阶。事遂心曰如
愿，事可愧曰汗颜。人多言，曰饶舌；物堪
食，曰可口。泽及枯骨，西伯之深仁；灼艾
分痛，宋祖之友爱。唐太宗为臣疗病，亲剪
其须；颜杲卿骂贼不辍，贼断其舌。不较横
逆，曰置之度外；洞悉虏情，曰已入掌中。
马良有白眉，独出乎众；阮籍作青眼，厚待
乎人。咬牙封雍齿，计安众将之心；含泪斩
丁公，法正叛臣之罪。掷果盈车，潘安仁美

姿可爱；投石满载，张孟阳丑态堪憎。事之可怪，妇人生须；事所骇闻，男人诞子。求物济用，谓燃眉之急；悔事无成，曰噬脐何及。情不相关，如秦越人之视肥瘠；事当探本，如善医者只论精神。无功食禄，谓之尸位素餐；谄劣无能，谓之行尸走肉。老当益壮，宁知白首之心；穷且益坚，不坠青云之志。一息尚存，此志不容少懈；十手所指，此心安可自欺。

新增文十三联

高台曰头，广宅云面。顿殊于众，须号于思；迥异乎人，指生骈拇。何平叔面犹傅粉，秦襄公颜若渥丹。古尚书头尖如笔，便擅英称；张太仆腹大如瓠，更垂好誉。可作生民主，刘曜垂五尺之髯；能为帝者师，张良掉三寸之舌。维翰一尺面，宰相奇形；比干七窍心，忠臣异蕴。英雄当自别，金日寇莱公鼻息如雷；俊杰却非凡，始信王浚冲目光若电。垂肩大耳，刘先主毕竟兴王；盖胆毛深，德谦师自当成佛。岳公刺背间之字，愈见心忠；英布黥面上之痕，何嫌貌丑？

苏生正直，滕岂容佞士作枕头；林蕴精忠，项不使顽奴为砥石。彦回之髯如戟，岂为乱阶；李瞻之胆如升，不亏大节。颜平原鼓烈气，握拳透爪；张睢阳喷义声，嚼齿穿龈。党进虽然大腹，非多算之人也；李纬徒有好须，不足齿之伧欤。

衣　服

冠称元服，衣曰身章。曰弁曰冔曰冕，皆冠之号；曰履曰舄曰屣，悉鞋之名。上公命服有九锡，士人初冠有三加。簪缨缙绅，仕宦之称；章甫缝掖，儒者之服。布衣即白丁之谓，青衿乃生员之称。葛屦履霜，诮俭啬之过甚；绿衣黄里，讥贵贱之失伦。上服曰衣，下服曰裳；衣前曰襟，衣后曰裾。敝衣曰褴褛，美服曰华裾。襁褓乃小儿之衣，弁髦亦小儿之饰。左衽是夷狄之服，短后是武夫之衣。尊卑失序，如冠履倒置；富贵不归，如锦衣夜行。狐裘三十年，俭称晏子；锦幛四十里，富羡石崇。孟尝君珠履三千客，牛僧孺金钗十二行。千金之裘，非一狐之腋；绮罗之辈，非养蚕之人。贵者重裀叠褥，贫者裋褐不完。卜子夏甚贫，鹑衣百结；公孙弘甚俭，布被十年。南州冠冕，德操称庞统之迈众；三河领袖，崔浩羡裴骏之超群。

虞舜制衣裳，所以命有德；昭侯藏敝袴，所以待有功。唐文宗袖经三浣，晋文公衣不重裘。衣履不敝，不肯更为，世称尧帝；衣不经新，何由得故，妇劝桓冲。王氏之眉贴花钿，被韦固之剑所刺；贵妃之乳服诃子，为禄山之爪所伤。姜氏翕和，兄弟每宵同大被；王章未遇，夫妻寒夜卧牛衣。缓带轻裘，羊叔子乃斯文主将；葛巾野服，陶渊明真陆地神仙。服之不衷，身之灾也；缊袍不耻，志独超欤？

新增文十二联

制豸作法冠，裁荷为隐服。王乔属仙令，舃飞天外之凫；李后是娇姝，钗化宫中之燕。肌生银粟，是谁寒赠紫驼尼；肩耸玉楼，有客暖捐红衲袄。精忠膺主眷，狄仁杰披金字之袍；阴德有天知，裴晋公还纹犀之带。军中狐帽，沈庆之镇压貔貅；滩上羊裘，严子陵傲睨轩冕。通天带，顿输严续之姬；鹔鹴裘，为贳相如之酒。高人能洁己，飘飘挂神武之冠；过客共摩肩，济济看马嵬之袜。晋怀以青衣行酒，事丑万年；光武以赤帻起兵，名芳千古。有女遗王濛之新帽，何人换季子之敝裘。韦绦寝覆缬袍，荣施若此；祭遵贫衣布袴，廉洁何如？晋帝不忍浣征袍，留彼嵇侍中之血；唐士未须裁道服，重他张孝子之缣。汉王制竹箨之冠，威仪自别；闵子衣芦花之絮，孝行纯全。

juàn sān

卷 三

扫一扫　听诵读

rén shì

人 事

《大学》首重夫明新，小子莫先于应对。其容固宜有度，出言尤贵有章。智欲圆而行欲方，胆欲大而心欲小。阁下、足下，并称人之辞；不佞、鲰生，皆自谦之语。

恕罪曰原宥，惶恐曰主臣。大春元、大殿选、大会状，举人之称不一；大秋元、大经元、大三元，士人之誉多殊。大掾史，推美吏员；大柱石，尊称乡宦。贺入学曰云程发轫，贺新冠曰元服初荣。贺人荣归，谓之锦旋；作商得财，谓之捆载。谦送礼曰献芹，不受馈曰反璧。谢人厚礼曰厚贶，自谦礼薄曰菲仪。送行之礼，谓之赆仪；拜见之贽，名曰贽敬。贺寿仪曰祝敬，吊死礼曰奠仪。请人远归曰洗尘，携酒送行曰祖饯。

犒仆夫，谓之雄使；演戏文，谓之俳优。谢人寄书，曰辱承华翰；谢人致问，曰多蒙寄声。望人寄信，曰早赐玉音；谢人许物，曰已蒙金诺。具名帖，曰投刺；发书函，曰开缄。思慕久曰极切瞻韩，想望殷曰久怀慕蔺。相识未真，曰半面之识；不期而会，曰邂逅之缘。登龙门，得参名士；瞻山斗，仰望高贤。一日三秋，言思慕之甚切；渴尘万斛，言想望之久殷。睽违教命，乃云鄙吝复萌；来往无凭，则曰萍踪靡定。虞舜慕唐尧，见尧于羹，见尧于墙；颜渊学孔圣，孔步亦步，孔趋亦趋。曾经会晤，曰向获承颜接辞；谢人指教，曰深蒙耳提面命。求人涵容，曰望包荒；求人吹嘘，曰望汲引。求人荐引，曰幸为先容；求人改文，曰望赐郢斫。藉重鼎言，是托人言事；望移玉趾，是浼人亲行。多蒙推毂，谢人引荐之辞；望作领袖，托人倡首之说。言辞不爽，谓之金石语；乡党公论，谓之月旦评。逢人说项斯，表扬善行；名下无虚士，果是贤人。党恶为非，曰朋奸；尽财赌博，曰孤注。徒了事，曰但求塞责；戒明察，曰不必苛求。方命是逆人之言，执拗是执己之性。曰觊觎、曰睥睨，总是私心之窥望；曰倥偬、曰旁午，皆言人事之纷纭。小过必察，谓之吹毛求疵；乘患相攻，谓之落井下石。欲心难厌如溪壑，财物易尽若漏卮。望开茅塞，是求人之教导；多蒙药石，是谢人之箴规。芳规芳躅，皆善行之可慕；格言至言，悉嘉言之可听。无言曰缄默，息怒曰霁威。包拯寡色笑，人比其笑为黄河清；商鞅最凶残，常见论囚而渭水赤。仇深曰切齿，人笑曰解颐。人微笑曰莞尔，掩口笑曰胡卢；大笑曰绝倒，众笑曰哄堂。留位待贤，谓之虚左；官僚共署，谓之同寅。人失信曰爽约，又曰食言；人忘誓曰寒盟，又曰反汗。铭心镂骨，感德难忘；结草衔环，知恩必报。自惹其灾，谓之解衣抱火；幸离其害，真如脱网就渊。两不相入，谓之枘凿；两不相投，谓之冰炭。彼此不合曰龃龉，欲进不前曰趑趄。落落不合之词，区区自谦之语。竣者作事已毕之谓，醵者敛财饮酒之名。赞襄其事，谓之玉成；分裂难完，谓之瓦解。事有低昂曰轩轾，力相上下曰颉颃。凭空起事曰作俑，仍前踵弊曰效尤。手口共作曰拮据，不暇修容曰鞅掌。手足并行曰匍匐，俯首而思曰低徊。明珠投暗，大屈才能；入室操戈，自相鱼肉。求教于愚人，是问道于盲；枉道以干主，是衒玉求售。智谋之士，所见略同；仁人之言，其利甚溥。

班门弄斧，不知分量；岑楼齐末，不识高卑。势延莫过，谓之滋蔓难图；包藏祸心，谓之人心叵测。作舍道旁，议论多而难成；一国三公，权柄分而不一。事有奇缘，曰三生有幸；事皆拂意，曰一事无成。酒色是耽，如以双斧伐孤树；力量不胜，如以寸胶澄黄河。兼听则明，偏听则暗，此魏徵之对太宗；众怒难犯，专欲难成，此子产之讽子孔。欲逞所长，谓之心烦技痒；绝无情欲，谓之槁木死灰。座上有江南，语言须谨；往来无白丁，交接皆贤。将近好处，曰渐入佳境；无端倨傲，曰旁若无人。藉事宽役曰告假，将钱嘱托曰夤缘。事有大利，曰奇货可居；事宜鉴前，曰覆车当戒。外彼为此，曰左袒；处事两可，曰模棱。敌甚易摧，曰发蒙振落；志在必胜，曰破釜沉舟。曲突徙薪无恩泽，不念豫防之力大；焦头烂额为上客，徒知救急之功宏。贼人曰梁上君子，强梗曰化外顽民。木屑竹头，皆为有用之物；牛溲马勃，可备药石之资。五经扫地，祝钦明自亵斯文；一木撑天，晋王敦未可擅动。题凤题午，讥友讥亲之隐词；破麦破梨，见夫见子之奇梦。毛遂片言九鼎，人重其言；季布一诺千金，人服其信。岳飞背涅精忠报国，杨震惟以清白传家。下强上弱，曰尾大不掉；上权下夺，曰太阿倒持。当今之世，不但君择臣，臣亦择君；受命之主，不独创业难，守成亦不易。生平所为皆可对人言，司马光之自信；运用之妙惟存乎一心，岳武穆之论兵。不修边幅，谓人不饰仪容；不立崖岸，谓人天性和乐。蕞尔、幺麽，言其甚小；卤莽、灭裂，言其不精。误处皆缘不学，强作乃成自然。求事速成曰躐等，过于礼貌曰足恭。假忠厚者谓之乡愿，出人群者谓之巨擘。孟浪由于轻浮，精详出于眼豫。为善则流芳百世，为恶则遗臭万年。

过多曰稔恶，罪满曰贯盈。尝见冶容诲淫，须知慢藏诲盗。管中窥豹，所见无多；坐井观天，知识不广。无势可乘，英雄无用武之地；有道则见，君子有展采之思。求名利达，曰捷足先得；慰士迟滞，曰大器晚成。不知通变，曰徒读父书；自作聪明，曰徒执己见。浅见曰肤见，俗言曰俚言。识时务者为俊杰，昧先几者非明哲。村夫不识一丁，愚者岂无一得。拔去一丁，谓除一害；又生一秦，是增一仇。戒轻言，曰恐属垣有耳；戒轻敌，曰无谓秦无人。同恶相帮，谓之助桀为虐；贪心无厌，谓之得陇望蜀。当知器满则倾，须知物极必反。喜嬉戏名为好弄，好笑谑谓之诙谐。谗口交加，市中可信有虎；众奸鼓衅，聚蚊可以成雷。姜斐成锦，谓谮人之酿祸；含沙射影，言鬼蜮之害人。针砭所以治病，鸩毒必至杀人。李义府阴柔害物，人谓之笑里藏刀；李林甫奸诡谄人，世谓之口蜜腹剑。代人作事，曰代庖；与人设谋，曰借箸。见事极真，曰明若观火；对敌易胜，曰势若摧枯。汉武内多欲而外施仁义，廉颇先国难而后私仇。卧榻之侧，岂容他人鼾睡，宋太祖之语；一统之世，真是胡越一家，唐太宗之时。至若暴秦以吕易嬴，是嬴亡于庄襄之手；弱晋以牛易马，是马灭于怀愍之时。中宗亲为点筹于韦后，秽播千秋；明皇赐洗儿钱于贵妃，丑遗万代。非类相从，不如鹑鹊；父子同牝，谓之聚麀。以下淫上谓之烝，野合奸伦谓之乱。从来淑慝殊途，惟在后人法戒；斯世清浊异品，全赖吾辈激扬。

新增文十二联

休休莫莫，禁止之词；衮衮匆匆，仓皇之义。暂为寄足，有似鹪鹩一枝；巧于营身，还如狡兔三窟。放枭囚凤，虐仁纵暴奚为？用蚓投鱼，得重弃轻应尔。

爝火虽无大明之耀，铅刀竟有一割之用。淮南一老不就聘，高尚可钦；鲁国两生不肯行，清操足式。一株竹，先兆应举皆荣；两尾牛，预料行兵有失。乐羊子功绩未成，谤书满箧；郭林宗声名最重，谒刺盈车。黠狗行凶，难免杲卿之骂；鸩媒肆毒，已生屈子之悲。人有一天，我有二天，便见大恩之爱戴；河润百里，海润千里，乃为渥泽之沾濡。退我一步行，固云安乐法；道人三个好，尤见喜欢缘。藉一叶之浓阴，可资覆荫；扩万间之巨庇，尽属帡幪。挝三折，编三绝，书三灭，好学十分；眼中泪，心中事，意中人，相思一样。

饮 食

甘脆肥脓，命曰腐肠之药；羹藜含糗，难语太牢之滋。御食曰珍馐，白米曰玉粒。好酒曰青州从事，次酒曰平原督邮。鲁酒、茅柴，皆为薄酒；龙团、雀舌，尽是香茗。

待人礼衰，曰醴酒不设；款客甚薄，曰脱粟相留。竹叶青、状元红，俱为美酒；葡萄绿、珍珠红，悉是香醪。五斗解酲，刘伶独溺于酒；两腋生风，卢仝偏嗜乎茶。茶曰酪奴，又曰瑞草；米曰白粲，又曰长腰。太羹玄酒，亦可荐馨；尘饭涂羹，焉能充饿。酒系杜康所造，腐乃淮南所为。僧谓鱼曰水梭花，僧谓鸡曰穿篱菜。临渊羡鱼，不如退而结网；扬汤止沸，不如去火抽薪。羔酒自劳，田家之乐；含哺鼓腹，盛世之风。人贪食曰徒餔啜，食不敬曰嗟来食。多食不厌，谓之饕餮之徒；见食垂涎，谓有欲炙之色。未获同食，曰向隅；谢人赐食，曰饱德。安步可以当车，晚食可以当肉。饮食贫难，曰半菽不饱；厚恩图报，曰每饭不忘。谢扰人曰兵厨之扰，谦待薄曰草具之陈。白饭青刍，待仆马之厚；炊金爨玉，谢款客之隆。家贫待客，但知抹月披风；冬月邀宾，乃云敲冰煮茗。君侧元臣，若作酒醴之曲糵；朝中冢宰，若作和羹之盐梅。宰肉甚均，陈平见重于父老；戛釜示尽，邱嫂心厌乎汉高。

毕卓为吏部而盗酒，逸兴太豪；越王爱士卒而投醪，战气百倍。饎羹吹齑，谓人惩前警后；酒囊饭袋，谓人少学多餐。隐逸之士，漱石枕流；沉湎之夫，藉糟枕曲。昏庸桀纣，胡为酒池肉林；苦学仲淹，惟有断齑画粥。

新增文十一联

周显隐居钟阜，赤米自甘；卢生梦醒

邯郸，黄粱未熟。小儿盗禾麦，孔琇之按罪何妨；逸马犯麦田，曹孟德自刑犹尔。易牨以粟，邹侯为民庶之意拳拳；煮豆燃萁，子建悟兄弟之情切切。狄山之肉，旋割旋生；青田之酒，愈倾愈溢。我爱鹅儿黄似酒，雅可怡情；人言雀子软于绵，最堪适口。多才之士，谢茶而赠我好歌；好事之徒，载酒而问人奇字。挹东海以为醴，庶畅高怀；折琼枝以为馐，可舒雅志。云子饭可入杜句，月儿羹见重柳文。烧鹅而恣朵颐，且愿鹅生四掌；炮鳖而充嗜欲，还思鳖著两裙。种秫不种粳，陶公若以酒为命；窖粟不窖宝，任氏则以食为天。红觅紫茄，种满吴兴之圃；缘葵翠薤，殖盈钟阜之区。

宫室

洪荒之世，野处穴居；有巢以后，上栋下宇。竹苞松茂，谓制度之得宜；鸟革翚飞，谓创造之尽善。朝廷曰紫宸，禁门曰青琐。宰相职掌丝纶，内居黄阁；百官具陈章疏，敷奏丹墀。木天署学士所居，紫薇省中书所莅。金马、玉堂，翰林院宇；柏台、乌府，御史衙门。布政司称为藩府，按察司系是臬司。潘岳种桃于满县，人称花县；子贱鸣琴以治邑，故曰琴堂。潭府是仕宦之家，衡门乃隐逸之宅。贺人有喜，曰门阑蔼瑞；谢人过访，曰蓬荜生辉。美奂美轮，《礼》称屋宇之高华；肯构肯堂，《书》言父子之同志。土木方兴，曰经始；创造已毕，曰落成。楼高可以摘星，室小仅堪容膝。寇莱公庭除之外，只可栽花；李文靖厅事之前，仅容旋马。

恭贺屋成，曰燕贺；自谦屋小，曰蜗居。民家名曰闾阎，贵族称为阀阅。朱门乃富豪之第，白屋是布衣之家。客舍曰逆旅，驿馆曰邮亭。书室曰芸窗，朝廷曰魏阙。成均、辟雍，皆国学之号；黉宫、胶序，乃乡学之称。笑人善忘，曰徙宅忘妻；讥人不谨，曰开门揖盗。何楼所市，皆滥恶之物；垄断独登，讥专利之人。荜门、圭窦，系贫士之居；瓮牖、绳枢，皆窭人之室。宋寇准真是北门锁钥，檀道济不愧万里长城。

新增文十联

榱题一建，风雨攸除。百堵俱兴，周邦巩固；重门洞辟，宋殿玲珑。晋公堂下植三槐，相臣地位；靖节门前栽五柳，隐士家风。退思岩，是鱼头参政退思时；知妄室，乃半山居士知妄处。菓生神尧阶下，竹秀唐帝宫前。夹马营中，异香遍达；盘龙斋内，瑞气常臻。月榭已成，剩有十分佳景；雪巢既构，应无半点尘埃。避风台，妃子扬歌；凌烟阁，功臣列像。碧鸡坊里神仙至，朱雀桥边士子游。浣花溪上草堂，最是杜公乐地；至道坊间土窟，更为司马胜居。

器用 qì yòng

一人之所需，百工斯为备。但用则各适其用，而名则每异其名。管城子、中书君，悉为笔号；石虚中、即墨侯，皆为砚称。墨为松使者，纸号楮先生。纸曰剡藤，又曰玉版；墨曰陈玄，又曰龙脐。共笔砚，同窗之谓；付衣钵，传道之称。笃志业儒，曰磨穿铁砚；弃文就武，曰安用毛锥。剑有干将镆铘之名，扇有仁风便面之号。何谓篓？亦扇之名。何谓籁？有声之谓。小舟名舴艋，巨舰曰艨艟。金根是皇后之车，菱花乃妇人之镜。银凿落，原是酒器；玉参差，乃是箫名。刻舟求剑，固而不通；胶柱鼓瑟，拘而不化。斗筲言其器小，梁栋谓是大材。

铅刀无一割之利,强弓有六石之名。杖以鸠名,因鸠喉之不噎;钥同鱼样,取鱼目之常醒。兜鍪系是头盔,巨罗乃为酒器。短剑名匕首,毡毯曰氍毹。琴名绿绮、焦桐,弓号乌号、繁弱。香炉曰宝鸭,烛台曰烛奴。龙涎、鸡舌,悉是香名;鹢首、鸭头,别为船号。寿光客,是妆台无尘之镜;长明公,是梵堂不灭之灯。桔槔是田家之水车,袯襫是农夫之雨具。乌金,炭之美誉;忘归,矢之别名。夜可击,朝可炊,军中刁斗;云汉热,北风寒,刘褒画图。勉人发愤,曰猛著祖鞭;求人宥罪,曰幸开汤网。拔帜立帜,韩信之计甚奇;楚弓楚得,楚王所见未大。董安于性缓,常佩弦以自急;西门豹性急,常佩韦以自宽。汉孟敏尝堕甑不顾,知其无益；宋太祖谓犯法有剑，正欲立威。王衍清谈，常持麈尾；横渠讲《易》，每拥皋比。尾生抱桥而死，固执不通；楚妃守符而亡，贞信可录。温峤昔燃犀，照见水族之鬼怪；秦政有方镜，照见世人之邪心。车载斗量之人，不可胜数；南金东箭之品，实是堪奇。传檄可定，极言敌之易破；迎刃而解，甚言事之易为。以铜为鉴，可正衣冠；以古为鉴，可知兴替。

新增文十一联

侧理为纸别号，玄香乃墨佳名。砚彩鲜明，公权曾评鸲眼；笔锋劲健，钟繇惯用鼠须。秦皇见匕首而惊走，考叔取蜚弧以先登。蛇矛龙盾，声雄太乙之坛；紫电青霜，锐比昆吾之剑。为炊必用土锉，汲井应藉辘轳。睡爱珊瑚枕上眠，人情乃尔；饮怜琥珀杯中滑，我意犹然。石季龙坐五香席上，李太白卧七宝床中。云绕匡庐，崇化葛仙之麂；浪翻雷泽，梭飞陶母之龙。庾老据胡床谈咏，诸佐皆欢；孔明执羽扇指挥，三军用命。以圣贤为挂杖，却优于九节苍藤；以仁义作剑锋，绝胜于七星白刃。上公膺宠命，已知高坐肩舆；末士少豪雄，可惜倒持手版。

珍宝

山川之精英，每泄为至宝；乾坤之瑞气，恒结为奇珍。故玉足以庇嘉谷，明珠可以御火灾。鱼目岂可混珠，砥砆焉能乱玉。

黄金生于丽水，白银出自朱提。曰孔方、曰家兄，俱为钱号；曰青蚨、曰鹅眼，亦是钱名。可贵者明月夜光之珠，可珍者璠玙琬琰之玉。宋人以燕石为玉，什袭缇巾之中；楚王以璞玉为石，两刖卞和之足。惠王之珠，光能照乘；和氏之璧，价重连城。鲛人泣泪成珠，宋人削玉为楮。贤乃国家之宝，儒为席上之珍。王者聘贤，束帛加璧；真儒抱道，怀瑾握瑜。雍伯多缘，种玉于蓝田而得美妇；太公奇遇，钓璜于渭水而遇文王。剖腹藏珠，爱财而不爱命；缠头作锦，助舞而更助娇。孟尝廉洁，克俾合浦还珠；相如忠勇，能使秦廷归璧。玉钗作燕飞，汉宫之异事；金钱成蝶舞，唐库之奇传。广钱固可以通神，营利乃为鬼所笑。以小致大，谓之抛砖引玉；不知所贵，谓之买椟还珠。贤否罹害，如玉石俱焚；贪婪无厌，虽锱铢必算。

崔烈以钱买官，人皆恶其铜臭；秦嫂不敢视叔，自言畏其多金。熊衮父亡，天乃雨钱助葬；仲儒家窘，天乃雨金济贫。汉杨震畏四知而辞金，唐太宗因惩贪而赐绢。晋鲁褒作钱神论，尝以钱为孔方兄；王夷甫口不言钱，乃谓钱为阿堵物。然而床头金尽，壮士无颜；囊内钱空，阮郎羞涩。但匹夫不可怀璧，人生孰不爱财。

新增文十一联

斑斑美玉，瑟瑟灵珠。琉璃瓶，最宜卜

相；琥珀盏，尤可酌宾。嗣续将盛，鸣鸠化金带之钩；爵禄弥高，飞鹊幻玉纹之印。魏博铁铸错，悔恨已迟；张说记事珠，遗忘可免。夏桀乃昏庸主，国有瑶台；郭况是贵戚卿，家多金穴。韩嫣一出，儿童觅绿野之金丸；汉祖既还，亚父撞鸿川之玉斗。刻岷姬之形以玉，好色惟然；铸范蠡之像以金，尊贤乃尔。珊瑚树，塞满齐奴之室；玛瑙盘，捧来行俭之家。燕昭王之凉珠，炎蒸无暑；扶余国之火玉，冽冱无寒。锦帆锦帐，炫人耳目；金埒金坞，骇我见闻。从吾所好，岂曰富而可求；有命存焉，当以不贪为宝。

贫富

命之修短有数，人之富贵在天。惟君子

安贫，达人知命。贯朽粟陈，称羡财多之谓；紫标黄榜，封记钱库之名。贪爱钱物，谓之钱愚；好置田宅，谓之地癖。守钱虏，讥蓄财而不散；落魄夫，谓失业之无依。贫者地无立锥，富者田连阡陌。室如悬磬，言其甚窘；家无儋石，谓其极贫。无米曰在陈，守死曰待毙。富足曰殷实，命蹇曰数奇。勉饘鬻，乃济人之急；呼庚癸，是乞人之粮。家徒壁立，司马相如之贫；庾廒为炊，秦百里奚之苦。鹄形菜色，皆穷民饥饿之形；炊骨爨骸，谓军中乏粮之惨。饿死留君臣之义，伯夷叔齐；资财敌王公之富，陶朱猗顿。石崇杀妓以侑酒，恃富行凶；何曾一食费万钱，奢侈过甚。二月卖新丝，五月粜新谷，真是剜肉医疮；三年耕而有一年之食，九年

耕而有三年之食，庶几遇荒有备。贫士之肠
习藜苋，富人之口厌膏粱。石崇以蜡代薪，
王恺以饴沃釜。范丹土灶生蛙、甑生尘；曾
子捉襟见肘、纳履决踵，贫不胜言。韦庄数
米而炊，称薪而爨，俭有可鄙。总之饱德之
士，不愿膏粱；闻誉之施，奚图文绣。

新增文十联

公孙牧豕营生，宁思相位；灌婴贩缯
为业，岂意封侯？郭泰欲为斗筲役，无可奈
何；班超更作书写佣，不得已尔。朱桃椎掷
还鹿帻，自知本命合穷；苏季子破损貂裘，
谁意道之难泰？苦矣卫青作牧，但求免主鞭
笞；惜哉栾布为奴，不免代人奔走。扬雄

《逐贫赋》，人谓其逐之何迟；韩愈《送穷文》，我怪其送之不早。异宝充盈，王氏都云富窟；佳肴错杂，郇公常列珍厨。董卓积宝郿中，压残金坞；邓通布钱天下，铸尽铜山。

象牙床，鱼生太侈；火浣衣，石氏何多？妇乳饮豚，畜类翻成人类；儿口承唾，家僮充作用壶。牙樯锦缆，隋炀增远渚之奇；玉凤金龙，元宝侈华堂之胜。

疾病死丧

福寿康宁，固人之所同欲；死亡疾病，亦人所不能无。惟智者能调，达人自玉。问人病曰贵体违和，自谓疾曰偶沾微恙。罹病者，甚为造化小儿所苦；患疾者，岂是实沈台骀为灾。病不可为，曰膏肓；平安无事，曰无恙。采薪之忧，谦言抱病；河鱼之患，系是腹疾。可以勿药，喜其病安；厥疾弗瘳，言其病笃。疟不病君子，病君子正为疟耳；卜所以决疑，既不疑复何卜哉！谢安梦鸡而疾不起，因太岁之在酉；楚王吞蛭而疾乃瘥，因厚德之及人。将属纩、将易箦，皆言人之将死；作古人、登鬼箓，皆言人之已亡。亲死则丁忧，居丧则读礼。在床谓之尸，在棺谓之柩。报丧书曰讣，慰孝子曰唁。往吊曰匍匐，庐墓曰倚庐。寝苫枕块，哀父母之在土；节哀顺变，劝孝子之惜身。男子死曰寿终正寝，女人死曰寿终内寝。天子死曰崩，诸侯死曰薨，大夫死曰卒，士人死曰不禄，庶人死曰死，童子死曰殇。自谦父死曰孤子，母死曰哀子，父母俱死曰孤哀子；自言父死曰失怙，母死曰失恃，父母俱死曰失怙恃。父死何谓考？考者成也，已成事业也。母死何谓妣？妣者媲也，克媲父美也。百日内曰泣血，百日外曰稽颡。期年曰小祥，两期曰大祥。不缉曰斩衰，缉之曰齐衰，论丧之有轻重；九月为大功，五月为小功，言服之有等伦。三月之服曰缌麻，三年将满曰禫礼。孙承祖服，嫡孙杖期；长子已死，嫡孙承重。死者之器曰明器，待以神明之道；孝子之杖曰哀杖，为扶哀痛之躯。父之节在外，故杖取乎竹；母之节在内，故杖取乎桐。以财物助丧家，谓之赙；以车马助丧家，谓之赗；以衣殓死者之身，谓之檖；以玉实死者之口，谓之琀。送丧曰执绋，出枢曰驾輀。吉地曰牛眠地，筑坟曰马鬣封。墓前石人，原名翁仲；枢前功布，今曰铭旌。挽歌始于田横，墓志创于傅奕。生坟曰寿藏，死墓曰佳城。坟曰夜台，圹曰窀穸。已葬曰瘗玉，致祭曰束刍。春祭曰禴，夏祭曰禘，秋祭曰尝，冬祭曰烝。饮杯棬而抱痛，母之口泽如存；读父书以增伤，父之手泽未泯。子羔悲亲而泣血，子夏哭子而丧明。王裒哀父之死，门人因废《蓼莪》诗；王修哭母之亡，邻里遂停桑柘社。树欲静而风不息，子欲养而亲不在，皋鱼增感；与其椎牛而祭墓，不如鸡豚之逮存，曾子兴思。故为人子者，当思木本水源，须重慎终追远。

新增文十二联

岁在龙蛇，郑玄算促；舍来鵩鸟，贾谊命倾。王令出尘寰，天上俄垂玉槸；沈君开窀穸，地中曾现漆灯。箧中存稿，相如上封禅之书；牖下停棺，史鱼表陈尸之谏。梁鸿葬要离家侧，死后芳邻；郑泉殡陶宅舍傍，生前宿愿。数皆前定，少游之诗谶何灵；事可先知，袁淑之卦占偏验。顾雍失爱子，掐掌而流血堪矜；奉倩殒佳人，搁泪而伤神可惜。仲尼殒而泰山颓，韩相亡而树木稼。酹之絮酒，实为佳士高风；殉以刍灵，乃是先人朴典。陈寔之徽猷足录，行吊礼者三万人；郁超之素行可嘉，作诔文者四十辈。牲

牢酒醴，用昭报本之虔；稿鞯鸾刀，还备厅
亲之具。值既降既濡之候，礼毋缺于春秋；
呈则存则著之形，情必由于爱恳。室事交乎
堂事，致斋继以散斋。

卷四
<small>juàn sì</small>

扫一扫　听诵读

文事
<small>wén shì</small>

duō cái zhī shì　cái chǔ bā dǒu　bó xué zhī rú　xué fù
多才之士，才储八斗；博学之儒，学富

wǔ chē　sān fén　wǔ diǎn　nǎi sān huáng wǔ dì zhī
五车。《三坟》《五典》，乃三皇五帝之

shū　bā suǒ　jiǔ qiū　shì bā zé jiǔ zhōu zhī zhì
书；《八索》《九丘》，是八泽九州之志。

shū jīng　zǎi shàng gǔ táng yú sān dài zhī shì　gù yuē　shàng shū
《书经》载上古唐虞三代之事，故曰《尚书》；

yì jīng　nǎi jī zhōu wén wáng zhōu gōng suǒ xì　gù yuē　zhōu yì
《易经》乃姬周文王周公所系，故曰《周易》。

èr dài céng shān　lǐ jì　gù yuē　dài lǐ　èr máo
二戴曾删《礼记》，故曰《戴礼》；二毛

céng zhù　shī jīng　gù yuē　máo shī　kǒng zǐ zuò　chūn
曾注《诗经》，故曰《毛诗》。孔子作《春

qiū　yīn huò lín ér jué bǐ　gù yuē　lín jīng　róng yú
秋》，因获麟而绝笔，故曰《麟经》。荣于

华衮，乃《春秋》一字之褒；严于斧钺，乃《春秋》一字之贬。缣缃黄卷，总谓经书；雁帛鸾笺，通称简札。锦心绣口，李太白之文章；铁画银钩，王羲之之字法。雕虫小技，自谦文学之卑；倚马可待，羡人作文之速。称人近来进德，曰"士别三日，当刮目相看"；羡人学业精通，曰"面壁九年，始有此神悟"。五凤楼手，称文字之精奇；七步奇才，羡天才之敏捷。誉才高，曰今之班马；羡诗工，曰压倒元白。汉晁错多智，景帝号为智囊；高仁裕多诗，时人谓之诗窖。骚客即是诗人，誉髦乃称美士。自古诗称李杜，至今字仰钟王。《白雪》《阳春》，是难和难赓之韵；青钱万选，乃屡试屡中之文。惊神泣鬼，皆言词赋之雄豪；遏云绕梁，原是歌音之嘹亮。涉猎不精，是多学之弊；咿唔伫毕，皆读书之声。连篇累牍，总说多文；寸楮尺素，通称简札。以物求文，谓之润笔之资；因文得钱，乃曰稽古之力。文章全美，曰文不加点；文章奇异，曰机杼一家。应试无文，谓之曳白；书成绣梓，谓之杀青。袜线之才，自谦才短；记问之学，自愧学肤。裁诗曰推敲，旷学曰作辍。文章浮薄，何殊月露风云；典籍储藏，皆在兰台石室。秦始皇无道，焚书坑儒；唐太宗好文，开科取士。花样不同，乃谓文章之异；潦草塞责，不求辞语之精。邪说曰异端，又曰左道；读书曰肄业，又曰藏修。作文曰染翰操觚，从师曰执经问难。求作文，曰乞挥如椽笔；羡高文，曰才是大方家。竞尚佳章，曰洛阳纸贵；不嫌问难，曰明镜不疲。称人书架曰邺架，称人嗜学曰书淫。白居易生七月，便识"之无"二字；唐李贺才七岁，作《高轩过》一篇。开卷有益，宋太宗之要语；不学无术，汉霍光之为人。汉刘向校书于天禄，太乙燃藜；赵匡胤代位于后周，陶谷出诏。江淹梦笔生花，文思大进；扬雄梦吐白凤，词赋愈奇。李守素通姓氏之学，敬宗名为人物志；虞世南晰古今之理，太宗号为行秘书。茹古含今，皆言学博；咀英嚼华，总曰文新。文望尊隆，韩退之若泰山北斗；涵养纯粹，程明道如良玉精金。李白才高，咳唾随风生珠玉；孙绰词丽，诗赋掷地作金声。

新增文十三联

萤辉竹素，蠹走芸编。东观蓬莱，尽藏简编之所；石渠天禄，悉贮史籍之场。鲁为鱼，参明不谬；帝作虎，考正无讹。长蛇生马之文，最难措手；硬弩枯藤之字，未易挥毫。借还书籍用双瓻，收贮文章分四库。

豪吟如郑綮，还从驴背成诗；富学如薛收，偏向马头草檄。八行书，言言委曲；三尺法，字字森严。咳唾成篇，阵马风樯敏捷；精神满腹，《雪车》《冰柱》清高。擅美誉于词场，禹锡诗豪，山谷诗伯；称者英于艺圃，伯英草圣，子玉草贤。谢安石之碎金，悉为异物；陆士衡之积玉，总属奇珍。少室山集句最佳，片笺片玉；福先寺碑文可诵，一字一缣。陈琳作檄愈头风，定当神针法灸；子美吟诗除疟鬼，何须妙剂金丹。真老艺林英，朱夫子且退避三舍；苏仙文苑隽，欧阳公尚放出一头。

科第

士人入学曰游泮，又曰采芹；士人登科曰释褐，又曰得隽。宾兴即大比之年，贤书乃试录之号。鹿鸣宴，款文榜之贤；鹰扬宴，待武科之士。文章入式，有朱衣以点头；经术既明，取青紫如拾芥。其家初中，谓之破天荒；士人超拔，谓之出头地。中状元，曰独占鳌头；中解元，曰名魁虎榜。琼林赐宴，宋太宗之伊始；临轩问策，宋神宗之开端。同榜之人，皆是同年；取中之官，谓之座主。应试见遗，谓之龙门点额；进士及第，谓之雁塔题名。贺登科，曰荣膺鹗荐；入贡院，曰鏖战棘闱。金殿唱名曰传胪，乡会放榜曰撤棘。攀仙桂、步青云，皆言荣发；孙山外、红勒帛，总是无名。英雄入吾彀，唐太宗喜得佳士；桃李属春官，刘禹锡贺得门生。薪，采也，樵，积也，美文王作人之诗，故考士谓之薪樵之典；汇，类也，征，进也，是连类同进之象，故进贤谓之汇征之途。赚了英雄，慰人下第；傍人门户，怜士无依。虽然有志者事竟成，伫看荣华之日；成丹者火候到，何惜烹炼之功。

新增文十二联
xīn zēng wén shí èr lián

班名玉笋，饼是红绫。贡树分香，预卜
他年卿相；天街软绣，争看此日郎君。江东
之罗隐何多，淮右之温岐不少。狗从窦出，
莫非登第休征；鼠以经衔，却是命题吉兆。
不欺之语，直可书绅；忠孝之求，真难副
上。孙宋则弟兄俱贵，梁张则乔梓皆荣。
得云雨而扬鬐，岂是池中之物；挟风雷而烧
尾，终非海底之鱼。遍历名园，孰作探花之
使；同观竞渡，谁为夺锦之人？此日羽毛，
伫看振翮；昔年辛苦，莫负初心。莫存温饱
之志，还辞贵戚之婚。邹子为书，明月空遭
按剑；高公未第，秋江自怨芙蓉。青衫则岁
岁堪怜，金线则年年自笑。

制作 (zhì zuò)

上古结绳记事，苍颉制字代绳。龙马负图，伏羲因画八卦；洛龟呈瑞，大禹因列九畴。历日是神农所为，甲子乃大挠所作。算数作于隶首，律吕造自伶伦。甲胄舟车，系轩辕之创始；权量衡度，亦轩辕之立规。伏羲氏造网罟，教佃渔以赡民用；唐太宗造册籍，编里甲以税田粮。兴贸易，制耒耜，皆由炎帝；造琴瑟，教嫁娶，乃是伏羲。冠冕衣裳，至黄帝而始备；桑麻蚕绩，自元妃而始兴。神农尝百草，医药有方；后稷播百谷，粒食攸赖。燧人氏钻木取火，烹饪初兴；有巢氏构木为巢，宫室始创。夏禹欲通神祇，因铸镛钟于郊庙；汉明尊崇佛教，始立寺观于中朝。周公作指南车,罗盘是其遗制;钱乐作浑天仪,历家始有所宗。阿育王得疾,造无量宝塔;秦始皇防胡,筑万里长城。叔孙通制立朝仪,魏曹丕秩序官品。周公独制礼乐,萧何造立律条。尧帝作围棋,以教丹朱;武王作象棋,以象战斗。文章取士,兴于赵宋;应制以诗,起于李唐。梨园子弟乃唐明皇作始,《资治通鉴》乃司马光所编。笔乃蒙恬所造,纸乃蔡伦所为。凡今人之利用,皆古圣之前民。

新增文七联

钥同鱼样,取鱼目之常醒;杖以鸠名,重鸠喉之不噎。飞艒是轻车别号,纨筅为素扇佳名。翠华旗，光摇汉苑；白玉管，响彻唐宫。米家书画船，足怡素志；齐子班兰物，可壮生平。毡氍毹，美人旧赠；金屈戍，良匠新成。乌金熟炭厚贻，翠羽编帘异制。笭箵收于渔父，卷去夕阳；袯襫荷于农人，披来朝雨。

技艺

医士业歧轩之术，称曰国手；地师习青乌之书，号曰堪舆。卢医扁鹊，古之名医；郑虔崔白，古之名画。晋郭璞得《青囊经》，故善卜筮地理；孙思邈得龙宫方，能医虎口龙鳞。善卜者，是君平詹尹之流；善相者，即唐举子卿之亚。推命之人即星士，绘画之士曰丹青。大风鉴，相士之称；大工师，木匠之誉。若王良、若造父，皆善御之人；东方朔、淳于髡，系滑稽之辈。称善卜卦者，曰今之鬼谷；称善记怪者，曰古之董狐。称诹日之人曰太史，称书算之人曰掌文。掷骰者，喝雉呼卢；善射者，穿杨贯虱。樗蒲之戏，乃云双陆；橘中之乐，是说围棋。陈平作傀儡，解汉高白登之围；孔明造木牛，辅蜀军运粮之计。公输子削木鸢，飞天至三日而不下；张僧繇画壁龙，点睛则雷电而飞腾。然奇技似无益于人，而百艺则有济于用。

新增文十二联

青囊春暖，丹灶烟浮。膝里疮生，华陀有出蛇之妙术；背间痛溃，伯宗具徙柳之神功。陆宣公既活国又活人，范文正等为医于为相。一枝铁笔分休咎，三个金钱定吉凶。

折蒉获奴，应让杜生术善；破墙得妇，当推管辂神通。新雨行来，言从季主；蔑茅索得，且问灵氛。燕颌虎头，识是封侯之略；龙瞳凤颈，知为王者之征。识英布之封侯，果然不谬；知亚夫之当饿，真个无讹。道士能知吉壤，竹策丛生；闽僧善觅佳城，湖灯呵护。孙钟孝而致三仙，龙图酷而梦二使。

动静方圆，还符四象；纵横阖辟，止争一先。飞两奁之黑白，争一纸之雌雄。

讼 狱

世人惟不平则鸣，圣人以无讼为贵。上有恤刑之主，桁杨雨润；下无冤枉之民，肺石风清。虽囹圄便是福堂，而画地亦可为狱。与人构讼，曰鼠牙雀角之争；罪人诉冤，有抢地吁天之惨。狴犴猛犬而能守，故狱门画狴犴之形；棘木外刺而里直，故听讼在棘木之下。乡亭之系有岸，朝廷之系有狱，谁敢作奸犯科；死者不可复生，刑者不可复续，上当原情定罪。囹圄是周狱，羑里是商牢。桎梏之设，乃拘罪人之具；缧绁之中，岂无贤者之冤。两争不放，谓之鹬蚌相持；无辜牵连，谓之池鱼受害。请公入瓮，周兴自作其孽；下车泣罪，夏禹深痛其民。

好讼曰健讼，累及曰株连。为人息讼，谓之解纷；被人栽冤，谓之嫁祸。徒配曰城旦，遣戍是问军。三尺乃朝廷之法，三木是罪人之刑。古之五刑，墨、劓、剕、宫、大辟；今之律例，笞、杖、死罪、徒、流。上古时削木为吏，今日之淳风安在？唐太宗纵囚归狱，古人之诚信可嘉。花落讼庭闲，草生图圄静，歌何易治民之简；吏从冰上立，人在镜中行，颂卢奂折狱之清。可见治乱之药石，刑罚为重；兴平之粱肉，德教为先。

新增文十二联

乌台定律，象魏悬书。惟忠信慈惠之

师，有折狱致刑之实。失入宁失出，须当念及无辜；过义宁过仁，务必心存不忍。察五声而审克，应尔精详；讯三刺以简孚，宜乎谨慎。蒿满圜扉之宅，人怀天保初年；鹊巢大理之庭，世誉玄宗即位。赭衣满道，何其酷烈难堪；玄钺罗门，未免摧戕太甚。门有沸汤之势，抚念不安；巢无完卵之存，扪心何忍。

虽辟以止辟，还刑期无刑。周礼有三宥之词，千秋可法；虞廷有肆赦之典，万古常称。蝇集笔端，识赦书之已就；乌啼宵夜，知恩诏之将颁。无赦而刑必平，文中之论，夫岂全诬？多赦则民不敬，管子之言，亦非尽谬。孔明治蜀，所以不行；吴汉临终，于焉致嘱。

释道鬼神

如来释迦，即是牟尼，原系成佛之祖；老聃李耳，即是道君，乃为道教之宗。鹫岭、祇园，皆属佛国；交梨、火枣，尽是仙丹。沙门称释，始于晋道安；中国有佛，始于汉明帝。篯铿即是彭祖，八百高年；许逊原宰旌阳，一家超举。波罗犹云彼岸，紫府即是仙宫。曰上方、曰梵刹，总是佛场；曰真宇、曰蕊珠，皆称仙境。伊蒲馔，可以斋僧；青精饭，亦堪供佛。香积厨，僧家所备；仙麟脯，仙子所餐。佛图澄显神通，咒莲生钵；葛仙翁作戏术，吐饭成蜂。达摩一苇渡江，栾巴噀酒灭火。吴猛画江成路，麻姑掷米成珠。飞锡挂锡，谓僧人之行止；导引胎息，谓道士之修持。和尚拜礼曰和南，道士拜礼曰稽首。曰圆寂、曰荼毗，皆言和尚之死；曰羽化、曰尸解，悉言道士之亡。女道曰巫，男道曰觋，自古攸分；男僧曰僧，女僧曰尼，从来有别。羽客黄冠，皆称道士；上人比丘，并美僧人。檀越檀那，僧家称施主；烧丹炼汞，道士学神仙。和尚自谦，谓之空桑子；道士诵经，谓之步虚声。菩者普也，萨者济也，尊称神祇，故有菩萨之誉；水行龙力大，陆行象力大，负荷佛法，故有龙象之称。儒家谓之世，释家谓之劫，道家谓之尘，俱谓俗缘之未脱；儒家曰精一，释家曰三昧，道家曰贞一，总言奥义之无穷。达摩死后，手携只履西归；王乔朝君，舄化双凫下降。辟谷绝粒，神仙能服气炼形；不灭不生，释氏惟明心见性。梁高僧谈经入妙，可使顽石点头、天花坠地；张虚靖炼丹既成，能令龙虎并伏、鸡犬俱升。藏世界于一粟，佛法何其大；贮乾坤于一壶，道法何其玄。妄诞之言，载鬼一车；高明之家，鬼瞰其室。《无鬼论》，作于晋之阮瞻；《搜神记》，撰于晋之干宝。颜子渊、卜子夏，死为地下修文郎；韩擒虎、寇莱公，死作阴司阎罗王。至若土谷之神曰社稷，干旱之鬼曰旱魃。魑魅魍魉，山川之祟；神荼郁垒，啖鬼之神。仕途偃蹇，鬼神亦为之揶揄；心地光明，吉神自为之呵护。

新增文十二联

菩提无树，明镜非台。光明拳打破痴迷膜，爱欲海济渡大愿船。白足清癯，谁个未知禅味？赤髭碧眼，何人不是梵宗？法喜为妻，智度为母，无烦询骨肉是谁；慈悲作室，通慧作门，不须问宅居何在。孙居士大啸一声，山鸣谷应；陈先生长眠数觉，物换星移。岩下清风，黑虎卖董仙丹杏；山间明月，彩鸾栖张叟绿筠。赵惠宗火中化鹤，岂避烽烟；左真人盆里引鲈，不须烟浪。萧子曾餐芝似肉，安期更食枣如瓜。夏郊有异神，祀处却转山为吉；黎丘多奇鬼，感时必以伪害真。唐时花月妖，畏见狄梁公之面；晋代枌榆社，愁逢阮宣子之柯。曾闻大手入窗，公亮举笔；翻忆长舌吐地，叔夜吹灯。
邹德润徙项王祠，莫须有也；牛僧儒宿薄后
庙，岂其然乎？

鸟兽

麟为毛虫之长，虎乃兽中之王。麟凤
龟龙，谓之四灵；犬豕与鸡，谓之三物。骒
骊骅骝，良马之号；太牢大武，乃牛之称。
羊曰柔毛，又曰长髯主簿；豕名刚鬣，又
曰乌喙将军。鹅名舒雁，鸭号家凫。鸡有五
德，故称之曰德禽；雁性随阳，因名之曰阳
鸟。家狸乌圆，乃猫之誉；韩卢楚犷，皆犬
之名。麒麟驺虞，俱好仁之兽；螟螣蟊贼，
皆害苗之虫。无肠公子，螃蟹之名；绿衣使

者，鹦鹉之号。狐假虎威，谓籍势而为恶；养虎贻患，谓留祸之在身。犹豫多疑，喻人之不决；狼狈相倚，比人之颠连。胜负未分，不知鹿死谁手；基业易主，正如燕入他家。雁到南方，先至为主，后至为宾；雉名陈宝，得雄则王，得雌则霸。刻鹄类鹜，为学初成；画虎类犬，弄巧反拙。美恶不称，谓之狗尾续貂；贪图不足，谓之蛇欲吞象。

祸去祸又至，曰前门拒虎，后门进狼；除凶不畏凶，曰不入虎穴，焉得虎子。鄙众趋利，曰群蚁附膻；谦己爱儿，曰老牛舐犊。无中生有，曰画蛇添足；进退两难，曰羝羊触藩。杯中蛇影，自起猜疑；塞翁失马，难分祸福。

龙驹凤雏，晋闵鸿夸吴中陆士龙之异；

伏龙凤雏，司马徽称孔明庞士元之奇。吕后断戚夫人手足，号曰人彘；胡人腌契丹王尸骸，谓之帝羓。人之狠恶，同于梼杌；人之凶暴，类于穷奇。王猛见桓温，扪虱而谈当世之务；宁戚遇齐桓，扣角而取卿相之荣。楚王轼怒蛙，以昆虫之敢死；丙吉问牛喘，恐阴阳之失时。以十人而制千虎，比言事之难胜；走韩卢而搏蹇兔，喻言敌之易摧。兄弟是鹡鸰之相亲，夫妇如鸾凤之配偶。有势莫能为，曰虽鞭之长，不及马腹；制小不用大，曰割鸡之小，焉用牛刀？鸟食母者曰枭，兽食父者曰獍。苛政猛于虎，壮士气如虹。腰缠十万贯，骑鹤上扬州，谓仙人而兼富贵；盲人骑瞎马，夜半临深池，是险语之逼人闻。黔驴之技，技止此耳；鼯鼠之技，技亦穷乎。强兼并者曰鲸吞，为小贼者曰狗盗。养恶人如养虎，当饱其肉，不饱则噬；养恶人如养鹰，饥之则附，饱之则飏。隋珠弹雀，谓得少而失多；投鼠忌器，恐因甲而害乙。事多曰猬集，利小曰蝇头。心感似狐疑，人喜如雀跃。爱屋及乌，谓因此而惜彼；轻鸡爱鹜，谓舍此而图他。唆恶为非，曰教猱升木；受恩不报，曰得鱼忘筌。倚势害人，真似城狐社鼠；空存无用，何殊陶犬瓦鸡。势弱难敌，谓之螳臂当辙；人生易死，乃曰蜉蝣在世。小难制大，如越鸡难伏鹄卵；贱反轻贵，似莺鸠反笑大鹏。小人不知君子之心，曰燕雀焉知鸿鹄志；君子不受小人之侮，曰虎豹岂受犬羊欺。跖犬吠尧，吠非其主；鸠居鹊巢，安享其成。缘木求鱼，极言难得；按图索骥，甚言失真。恶人籍势，曰如虎负嵎；穷人无归，曰如鱼失水。九尾狐，讥陈彭年素性谄而又奸；独眼龙，夸李克用一目眇而有勇。指鹿为马，秦赵高之欺主；叱石成羊，黄初平之得仙。卞庄勇能擒两虎，高骈一矢贯双雕。司马懿畏蜀如虎，诸葛亮辅汉如龙。

鹪鹩巢林，不过一枝；鼹鼠饮河，不过满腹。人弃甚易，曰孤雏腐鼠；文名共仰，曰起凤腾蛟。为公乎，为私乎？惠帝问虾蟆；欲左左，欲右右，汤德及禽兽。鱼游于釜中，虽生不久；燕巢于幕上，栖身不安。妄自称奇，谓之辽东豕；其见甚小，譬如井底蛙。父恶子贤，谓是犁牛之子；父谦子拙，谓是豚犬之儿。出人群而独奇，如鹤立鸡群；非配偶以相从，如雉求牡匹。天上石麟，夸小儿之迈众；人中骐骥，比君子之超凡。怡堂燕雀，不知后灾；瓮里醯鸡，安有广见？马牛襟裾，骂人不识礼仪；沐猴而冠，笑人见不恢宏。羊质虎皮，讥其有文无实；守株待兔，言其守拙无能。恶人如虎生翼，势必择人而食；志士如鹰在笼，自是凌霄有志。鲋鱼困涸辙，难待西江水，比人之甚窘；蛟龙得云雨，终非池中物，比人大有为。执牛耳，谓人主盟；附骥尾，望人引带。鸿雁哀鸣，比小民之失所；狡兔三窟，诮贪人之巧营。风马牛势不相及，常山蛇首尾相应。百足之虫，死而不僵，以其扶之者众；千岁之龟，死而留甲，因其卜之者灵。大丈夫宁为鸡口，毋为牛后；士君子岂甘雌伏，定要雄飞。毋局促如辕下驹，毋委靡如牛马走。猩猩能言，不离走兽；鹦鹉能言，不离飞鸟。人惟有礼，庶可免相鼠之刺；若徒能言，夫何异禽兽之心？

新增文十三联

百鸟鹖称悍，众禽鹤独胎。提壶提壶，定是村中有酒；脱袴脱袴，必然身上无寒。百舌五更头，学尽众禽之语；鹓雏九霄外，顿空诸鸟之群。瓮中鸲鹆巧于人，江上白鸥闲似我。莺呼金衣公子，鹡号锦带功曹。鹘入鸦群，雄威岂敌？鸭去鸡队，气类不俦。彪著羊，彪雄而羊败；黑敌犬，黑寡而犬强。猿献玉环，孙恪自峡山失妇；鹿随丹毂，郑弘从汉室封公。蜑蜑之皮，有可辟除疠瘴；貐貐之尾，殊堪却退烟岚。李愬设谋平蔡，借声于鸭队鹅群；卢公觅句迁官，得力于猫儿狗子。长乐宫中有鹿，衔残妃子槅前花；午桥庄外多羊，点缀小儿坡上草。羊舌氏虽为佳话，马头娘未是美谈。辕门传号令，李将军椎飨士之牛；邑士起讴歌，时令尹留去官之犊。

花木

植物非一，故有万卉之称；谷种甚多，故有百谷之号。如茨如梁，谓禾稼之蕃；惟夭惟乔，谓草木之茂。莲乃花中君子，海棠花内神仙。国色天香，乃牡丹之富贵；冰肌玉骨，乃梅萼之清奇。兰为王者之香，菊同隐逸之士。竹称君子，松号大夫。萱草可忘忧，屈轶能指佞。箟筜，竹之别号；木樨，桂之别名。明日黄花，过时之物；岁寒松柏，有节之称。樗栎乃无用之散材，梗楠胜大任之良木。玉版，笋之异号；蹲鸱，芋之别名。瓜田李下，事避嫌疑；秋菊春桃，时来尚早。南枝先，北枝后，庾岭之梅；朔而生，望而落，尧阶蓂荚。芝艻背阴向阳，比僧人之有德；木槿朝开暮落，比荣华之不长。芒刺在背，言恐惧不安；薰莸异气，犹贤否有别。桃李不言，下自成蹊；道旁苦李，为人所弃。老人娶少妇，曰枯杨生梯；国家进多贤，曰拔茅连茹。蒲柳之姿，未秋先槁；姜桂之性，愈老愈辛。王者之兵，势如破竹；七雄之国，地若瓜分。苻坚望阵，疑草木皆是晋兵；索靖知亡，叹铜驼会在荆棘。王祐知子必贵，手植三槐；窦钧五子齐荣，人称五桂。鉏麑触槐，不忍贼民之主；越王尝蓼，必欲复吴之仇。修母画荻以教子，谁不称贤；廉颇负荆以请罪，善能悔过。弥子瑕常恃宠，将余桃以啖君；秦商鞅欲行令，使徙木以立信。王戎卖李钻核，不胜鄙吝；成王剪桐封弟，因无戏言。齐景公以二桃杀三士，杨再思谓莲花似六郎。倒啖蔗，渐入佳境；蒸哀梨，大失本真。煮豆燃萁，比兄残弟；砍竹遮笋，弃旧怜新。元素致江陵之柑，吴刚伐月中之桂。捐资济贫，当效尧夫之助麦；以物申敬，聊效野人之献芹。冒雨剪韭，郭林宗款友情殷；踏雪寻梅，孟浩然自娱兴雅。商太戊能修德，祥桑自死；寇莱公有深仁，枯竹复生。王母蟠桃，三千年开花，三千年结子，故人藉以祝寿诞；上古大椿，八千岁为春，八千岁为秋，故人托以比严君。去稂莠正以植嘉禾，沃枝叶不如培根本。世路之蓁芜当剔，人心之茅塞须开。

新增文十一联

姚黄魏紫，牡丹颜色得人怜；雪魄冰姿，茉莉芬芳随我爱。雪梅乍放，月明魂梦美人来；玉蕊齐开，风动珮环仙子至。尼父试弹琴，发泗水坛前之杏；渔郎频鼓柑，寻武陵源里之桃。九烈君原为异柳，支离叟必属乔松。丈夫进学骎骎，弗效黄杨厄闰；男子为人卓卓，必如老桧参天。龙刍茂时，周穆王备供马料；水萍聚处，樊千里用作鸭茵。灵运诗成，已入西堂之梦；江淹赋就，更闻南浦之歌。生成钩弋之拳，西山嫩蕨；剖出庄姜之齿，北苑佳瓠。曾言水藻绿于蓝，始信山菰红似血。元修蚕豆，自古称佳；诸葛蔓菁，迄今犹赖。生姜盗母姜留子，尽付园丁；芦葭生儿芥有孙，频充鼎味。